PARIS

SA POPULATION, SON INDUSTRIE.

112 $3

EXTRAIT DU COMPTE-RENDU

De l'Académie des Sciences Morales et Politiques,

RÉDIGÉ PAR M. CHARLES VERGÉ,

Sous la direction de M. le Secrétaire perpétuel de l'Académie.

PARIS

SA POPULATION, SON INDUSTRIE

PAR AUGUSTIN COCHIN

ANCIEN MAIRE, ANCIEN MEMBRE DU CONSEIL MUNICIPAL
DE PARIS.

MÉMOIRE

LU A L'ACADÉMIE DES SCIENCES MORALES ET POLITIQUES
Les 18 et 25 juin 1864.

PARIS
1864

PARIS

SA POPULATION, SON INDUSTRIE.

Pour la seconde fois, la Chambre de Commerce de Paris vient de mériter la reconnaissance publique, en composant à grands frais, et à l'aide des plus intelligents efforts, la *Statistique de l'industrie* dans cette grande cité que l'on peut nommer, en empruntant cette expression au livre de M. Chaptal sur l'*Industrie*, en 1819, le premier *port de terre* du monde.

La statistique, publiée en 1851, présentait les résultats de l'enquête faite en 1847 et en 1848. La nouvelle statistique, qui a été terminée le 12 juin 1864, se compose des faits recueillis pendant les années 1860 et 1861.

Or, M. le Préfet de la Seine a publié, en 1860, le 6e volume de la statistique, commencée par M. de Chabrol, et, en 1863, les résultats du dénombrement de la population totale de Paris, opéré en 1861.

M. le Ministre des travaux publics met successivement au jour les tableaux de la population générale de la France, pour la même année 1861.

Les délégués de 100,000 ouvriers parisiens à l'exposition universelle de 1862, viennent de rassembler et de publier tous leurs rapports (1).

(1) Paris, chez M. Chabaud, président de la commission des ouvriers, rue Dauphine, 34.

1

Ces documents considérables, qui se rapportent à la même période, permettent de jeter sur les mouvements successifs et sur les éléments divers de la population de Paris un regard d'ensemble.

Déjà les recensements généraux de la population de Paris et de la France, ont été, devant l'Académie, l'objet de savants commentaires.

La publication de la statistique de l'Industrie offre l'occasion d'y revenir, avec des aperçus fondés sur des faits nouveaux, et d'étudier en détail l'un des changements opérés dans Paris, depuis un quart de siècle.

Je dis à dessein l'un des changements, car il y en a trois. Toutes les transformations de cette grande capitale, effectuées, à notre époque, par la main des hommes ou par la force des choses, peuvent en effet se ramener à trois : la transformation de la surface, la transformation de la population, la transformation de l'administration.

Je négligerai en ce moment les choses et les lois, pour ne m'occuper que des hommes, c'est-à-dire de la population, de ses progrès et de ses éléments.

Évitant les considérations politiques que soulève un pareil sujet, je me propose une simple étude d'histoire, de statistique et d'administration.

Or, qu'est-ce que les trois documents que je consulte, la statistique générale de la France, la statistique locale de Paris, la statistique spéciale de l'industrie parisienne, apprennent à un administrateur ?

La première constate que la population générale du pays augmente peu, mais qu'elle se distribue autrement que par le passé. En 1851, l'agriculture occupait 6,000 français sur 10,000 (1); en 1856, elle n'en emploie plus que 5,000. En 1851, l'industrie et le commerce n'employaient que 2,000 habitants sur 10,000; en 1856, le chiffre s'élève à 3,400.

La seconde statistique nous apprend que la population de Paris augmente énormément et qu'elle s'alimente à deux sources, les naissances et les migrations. Or, pendant le XVIIIᵉ siècle et jusqu'en 1831, les naissances l'ont emporté dans l'augmentation totale, sur les migrations (2) ; depuis 1831, les migrations ne cessent pas de l'emporter sur les naissances.

Enfin, la troisième statistique nous apprend de quoi se composent ces migrations d'habitants nouveaux : ces arrivants sont principalement des ouvriers. Sans doute les quartiers du luxe ont augmenté en même temps que ceux du travail. De 1800 à 1856, la population totale augmente de 114 0/0, et comment se répartit-elle? Sur la rive droite de la Seine, le faubourg Saint-Honoré s'accroît de 215 0/0 et le faubourg Saint-Antoine de 212 0/0. Sur la rive gauche, le faubourg Saint-Germain augmente de 87 0/0, et le faubourg Saint-Marceau de 100 0/0. Mais l'industrie prend tellement les devants que, de 1851, à

---

(1) Chiffres exacts :

Industrie........	1851.........	2,595.
	1856.........	3,388.
Agriculture......	1851.........	6,146.
	1856.........	5,294.

Legoyt, *Journal de la Société de statistique*, 1861, p. 185.

(2) Husson, *Les Consommations de Paris*, 1856, p. 23.

1856, pendant que la population de l'ancien Paris croissait de 21 0/0, celle de la banlieue industrielle, qui lui a été depuis annexée, croissait de 63 0/0. Ouvrons maintenant la dernière enquête de la Chambre de Commerce, et nous apprenons que la population industrielle de Paris dépasse le tiers de la population totale. Encore ce chiffre, ainsi que je l'expliquerai plus loin, est-il au-dessous de la vérité.

Ainsi, ce qui croît le plus en France, ce sont les villes ; entre les villes, c'est Paris ; dans Paris, c'est l'industrie.

Je demande à l'Académie la permission d'examiner séparément ces deux derniers faits :

1° L'accroissement total de Paris et ses causes.

2° Dans Paris, l'accroissement spécial de l'industrie et ses effets.

I

L'accroissement total de Paris, au XIXe siècle, est prodigieux. Les recensements exacts commencent avec ce siècle ; tous les documents antérieurs ne renferment que des conjectures. Si nous acceptons celles de Buffon, de Necker, de Lavoisier, le XVIIIe siècle aurait laissé dans Paris environ cent mille âmes de moins qu'il n'en contenait au XVIIe, car Colbert, en 1700, attribuait 720,000 âmes à Paris, et le dénombrement de 1800 constate une population de 547,000 âmes seulement (1). Elle atteint 900,000 âmes à la fin de la Restauration et dépasse un million à la fin de la Monarchie d'Orléans. Stationnaire

(1) Ce dénombrement lui-même n'a pas été précédé d'un recensement individuel ; il est approximatif.

sous la République, elle touche à 1,200,000 habitants en 1856 (1).

Le département de la Seine, tout entier, qui renfermait en 1846 : 1,364,933 habitants, en contient, en 1856 : 1,727,419.

L'enceinte des fortifications, en 1856, renferme 1,525,942 habitants. La surface comprise dans cette enceinte devient Paris en 1860, et en 1861, la population, accrue de 170,000 habitants en cinq ans, atteint le chiffre de 1,696,141. Elle dépassera peut-être 2 millions au prochain recensement. Déjà ce chiffre est celui de la population du département en 1861, et je ne parle que de la population sédentaire.

Ainsi donc, en soixante ans, Paris a vu sa population se quadrupler, passer d'un peu plus de 500,000 habitants à un peu moins de deux millions d'habitants.

Cet accroissement énorme est-il un fait exceptionnel? Non, c'est un fait général en Europe ou plutôt dans les deux mondes. Londres, en 1800, n'avait pas 900,000 habitants; Londres, en 1861, avait 2,800,000 habitants (2). Au commencement de ce siècle, Paris, Londres, Vienne, Berlin, Madrid, Rome, Turin, Saint-Pétersbourg, étaient, toutes ensemble, peuplées par à peu près deux millions d'habitants. En 1863, sept millions d'êtres humains ont choisi pour demeure ces points prédestinés du globe. Cet accrois-

(1) Chiffres exacts : 1826.......... 890,431
1846.......... 1,053,897
1856.......... 1,174,346
(2) 1800.......... 864,845
1861.......... 2,803,034

sement est tout à fait hors de proportion avec le mouvement normal de la population des différents pays. Le nombre des habitants de l'Europe, depuis soixante ans, n'a pas doublé; le nombre des habitants des capitales a plus que triplé. On voit aux États-Unis ou en Australie, les petits villages devenir grandes villes, comme les enfants deviennent hommes en vingt ans.

La généralité de ce fait est la meilleure réponse aux attaques souvent dirigées contre Paris. A entendre de nombreux écrivains, Paris est l'œuvre du caprice et de l'imprévoyance des Gouvernements, une sorte de géant démesuré qui domine et dévore le reste du pays, une idole oisive à qui la France est systématiquement sacrifiée.

On critique les grands travaux, qui sont la conséquence et non pas la cause du progrès de la population; on blâme la part que l'État y prend; on attribue la dépopulation des champs à la démoralisation, à l'attrait des plaisirs..., etc. Je ne nie pas l'influence de ces causes secondaires, mais je les crois secondaires. Il faut remonter plus haut, et il faut commencer par contempler avec respect et non avec colère cette petite étendue du sol habitable, ces quelques hectares, sur lesquels vivent, pensent et agissent deux millions d'hommes, et où il a été accumulé tant de travail, que Paris est devenu huit mille fois plus grand que Lutèce, et représente dans son territoire et dans ses constructions une valeur de plus de huit milliards. Je vois dans un tel accroissement, de cette ville et de toutes les villes, avant tout, une loi de la nature, une conséquence de l'histoire, un phénomène universel et irrépressible.

Il suffit, en effet, de regarder la carte du monde pour

constater qu'une loi de nature conduit les hommes à se grouper dans des villes, et, ainsi serrés les uns contre les autres, à traverser la vie comme on traverse le désert, en grande caravane. Et il suffit d'ouvrir l'histoire pour constater que cette loi ne se traduit pas seulement par la formation des villes, mais des grandes villes, et par la préférence accordée entre les grandes aux plus grandes.

Dans les contrées où la civilisation n'a pas établi la paix sociale, on se groupe pour se défendre, et dans les pays où la loi est obéie et la société tranquille, on se groupe encore pour s'entr'aider. Les villes de 400,000 habitants sont nombreuses en Chine. Dans l'antiquité, les villes, la cité, étaient regardées comme le chef-d'œuvre des hommes, et Cicéron a écrit dans le songe de Scipion cette phrase solennelle : « Rien sur la terre n'est plus agréable au maître souverain que ces assemblées humaines fondées sur le droit, et que l'on appelle des cités (1). »

Le besoin de se nourrir retiendra toujours aux champs, Dieu merci, la majeure partie des hommes, mais dès qu'ils connaissent d'autres moyens de vivre, un nombre de plus en plus grand quitte les champs. En vain la poésie, la morale, l'intérêt même élèvent la voix. Elles prennent volontiers pour exemple à notre époque le peuple suisse qui vit aux montagnes, non loin de ses troupeaux, puisant dans un air vif et dans des mœurs simples la vigueur et la pureté. L'économie politique, ses chiffres à la main, établit que ce

(1) *Nihil est illi principi Deo, qui omnem hunc mundum regit, quod quidem in terris fiat, acceptius, quam concilia cœtusque hominum jure sociali, quæ civitates appellantur.* — *Rép.*, VI° liv., chap. IV.

peuple est celui qui se loge, s'habille et se nourrit le mieux, qui fabrique et exporte le plus, qui vit le plus longtemps, envoie le plus régulièrement ses enfants aux écoles et ses économies aux Caisses d'Epargne, qui entretient le moins de soldats et le plus d'instituteurs (1). Là, comme au temps de Virgile, les agriculteurs ne connaissent pas leur bonheur; là, comme ailleurs, la loi de la concentration des hommes brave la poésie et l'économie politique. Les deux cantons de la Suisse dont la population s'accroît le plus rapidement sont Bâles-Ville et Genève, et ils augmentent par les villes. Sur vingt mille nouveaux habitants du canton de Genève, de 1850 à 1860, la ville de Genève en a reçu douze mille (2).

La différence des régimes politiques est souvent invoquée à tort. Londres grandit comme Paris, New-York grandit comme Saint-Pétersbourg; la concentration des hommes n'est pas une suite de la concentration des pouvoirs.

Contre cette loi, les obstacles naturels sont impuissants. Londres a brûlé six fois, Paris a subi la peste, la famine, le pillage, les révolutions. Ces villes, reines de l'Occident, ont grandi néanmoins, et depuis qu'il y a des recensements réguliers, au lendemain de la guerre ou au lendemain du choléra, si on consulte les chiffres, on constate que le ralentissement est insensible; la mort est vaincue par la vie.

Les efforts des gouvernements n'ont pas plus d'influence. Les rois ont cru qu'ils pouvaient assigner des limites aux capitales, et dire à la marée montante des habitants : « Tu

(1) Émile de Laveleye, *Revue des Deux-Mondes*, 15 avril 1863.
(2) Gustave Moynier, *De l'Ivrognerie à Genève*, 1863.

n'iras pas plus loin. » Ils ont, autour de Paris, bâti neuf enceintes, et ils se nommaient Jules-César, Philippe-Auguste, Louis XIV; huit fois Paris a brisé sa ceinture et franchi sa muraille.

Les lois se courbent devant les faits. En 1549, 1551, 1560, 1563, 1564, Henri II et Charles IX, avec l'aide du parlement, s'obstinent à défendre de bâtir, ordonnent de démolir au-delà d'une limite fixe. Plus puissant, Louis XIV, après avoir plus que personne attiré la France à Paris en appelant la noblesse à la cour, renouvelle en 1672 la défense d'augmenter les faubourgs, « *étant très-difficile*, dit-il, *que l'ordre et la police se distribuent commodément dans toutes les parties d'un si grand corps* (1). » Moins d'un siècle auparavant, Elisabeth, en 1581 et en 1602, défend d'élever de nouvelles maisons à Londres, et même d'achever celles qui sont commencées : « *Une telle multitude*, s'écrie-t-elle dans sa proclamation, *deviendrait presque ingouvernable* (2). » Charles Ier répète, en 1630, la même défense. Londres avait alors 145,000 habitants; il en renfermait, vingt-cinq ans après, 384,000.

L'enceinte de Paris contenait 1,100 hectares au moment ou Louis XIV croyait l'arrêter à jamais; elle en renfermait 3,300 sous Louis XVI, un siècle après, et le nom de *boulevarts* restait aux promenades, pour rappeler les anciennes limites et leur inutilité.

A cette impulsion continue d'une loi de la nature hu-

(1) Delamarre, *Dictionnaire de police*, I, 95,104.
(2) *Such multitudes could hardly be governed*. EMERSON, *how the great city grew*, 1862, p. 42.

maine, sont venues en aide d'innombrables circonstances
extérieures.

L'emplacement d'abord et le sol lui-même. Ce n'est pas
au hasard que le capitaine choisit l'emplacement de cette
légère ville de toile, bâtie pour un jour, si bien décrite par
Schiller, et que l'on nomme un camp (1). C'est encore
moins au hasard que Paris doit en partie sa fortune. Nul
point n'est mieux choisi pour permettre à un grand nombre
d'hommes de se nourrir, de se loger, de se défendre. « Son
emplacement (dit M. Elie de Beaumont en développant dans
l'éloquente introduction à la carte géologique de France ce
point de vue sur lequel je n'ai pas le temps d'insister), son
emplacement a été préparé par la nature, et son rôle est
une conséquence de sa position. »

L'histoire ensuite! l'histoire de Paris est l'abrégé de
l'histoire de la France. Parcourez nos rues et nos places; les
mêmes rois dont vous saluez les statues, ces rois qui sont
les fondateurs de la France, Clovis, Saint-Louis, Philippe-
Auguste, Henri IV, Louis XIV, Napoléon, sont les fondateurs
de Paris, et il est injuste de ne pas y élever une statue à
Louis XVI. Paris est devenu grand, quand la France est
devenue grande, puissant quand elle s'est faite une, su-
perbe quand elle a été glorieuse; quand elle voyage, il se
fait auberge; quand elle s'amuse, il se fait lieu de plaisir,
camp lorsqu'elle se bat, atelier quand elle travaille, et si
le génie, ce don rare du ciel, apparaît dans les sciences,
dans les lettres, en chaire, à la tribune, au gouvernement,
dans les arts, sur la scène, c'est à Paris que la France aime

(1) Piccolomini, 1er act., sc. IV.

à se grouper autour du génie et à le couronner. On pourrait dire de Paris ce qu'Euripide a dit d'Athènes, dans un
vers que le biographe anonyme de ce poète nous a trans-
mis : « Ἑλλάδος Ἑλλὰς Ἀθῆναι, Athènes, la Grèce de la
Grèce (1). »

Si vous voulez donc connaître l'histoire de Paris, ouvrez
l'histoire de France, mais n'ouvrez pas seulement l'histoire
de ses souverains et de ses conquêtes ou de ses révolutions;
cette histoire-là se passe du Louvre à la place de Grève;
elle passionne notre mémoire, mais elle éclaire peu notre
statistique. Ouvrez simplement un livre très-instructif,
intitulé : *Histoire de l'administration des voies publiques
en France* (2), et comparez, dans un court tableau chrono-
logique, l'étendue successive de la surface territoriale de
Paris avec l'étendue successive des voies publiques en
France.

De Philippe-Auguste à Henri IV, l'enceinte de Paris
passe de 252 hectares à 567; elle double à peine. Au commencement de cette période, c'est une bonne œuvre de
bâtir un pont comme de bâtir une église. Un Pape, en 1245
promet des indulgences à qui construira un pont à
Lyon (3); un berger devenu prêtre bâtit le pont d'Avi-
gnon (4); un cordelier le pont Notre-Dame à Paris (5),
comme un Augustin bâtira plus tard le pont de Rouen (6);

(1) EGGER, *Cours de littérature grecque*, 1863.
(2) Par M. Vignon, ingénieur en chef des ponts et chaussées.
(3) Innocent IV, 1245, pour le pont de la Guillotière.
(4) Saint Benezet, 1177.
(5) 1500.
(6) 1710.

un dominicain le pont des Tuileries (1). Il existe un *Guide des chemins de France*, imprimé en 1553 qui énumère, pour tout le pays, 98 grands chemins et seulement en terrain naturel.

Mais Henri IV va paraître, Sully est nommé grand voyer, en 1599. La ville et le pays sont aux mains, non-seulement des intendants et des trésoriers du roi, mais de ces grands rois et de ces grands ministres qui sont les intendants de la Providence. A la fin du xvii° siècle, les fossés de Paris sont comblés, les remparts démolis, les portes abattues, et la nouvelle enceinte, au lieu de 567 hectares en contient 1,103. Louis XIV est roi, Colbert est ministre. Corneille s'est écrié, dès 1642, à la louange de Richelieu :

Toute une ville entière avec pompe bâtie,
Semble d'un vieux fossé par miracle sortie,
Et nous fait présumer à ses superbes toits
Que tous les habitants sont des dieux ou des rois

(Le Menteur.)

Il y avait d'autres habitants cependant que des dieux et des rois, pour le dire en passant, car M. Pierre-Clément rappelait dans un récent travail qu'en 1664, Guy-Patin écrit : « Jour et nuit, on vole et on tue ici. »

Mais reprenons le parallèle entre l'étendue des routes et l'accroissement de la ville.

Colbert est le créateur de la viabilité en France. En 1245, le Pape promettait des indulgences à ceux qui construiraient des ponts. En 1655, le roi promet la noblesse à qui fera des chemins ou des canaux. Dans de nombreuses

(1) 1685.

instructions de Colbert aux intendants, on lit cette phrase :
« C'est principalement de la facilité des chemins que dépend l'avantage du commerce et le bien du public. »
L'almanach royal indique, en 1707, 69 routes de poste.
De 1736 à 1769, les deux Trudaine, l'ingénieur Perronet,
le contrôleur Machault, fondent en France le service des
ponts et chaussées, par malheur, en usant d'abord de la
corvée, qui fut supprimée, grâce aux intendants Fontette
et Turgot, après avoir suscité plus de haines qu'elle n'avait
rendu de services. On évalue à 26 kilomètres de routes
royales, et à 17,000 kilom. de routes départementales
ce qui fut ainsi ouvert avant le xixe siècle Quand on
éleva le mur d'octroi autour de Paris en 1786, la surface
occupée par la ville n'était plus de 1,307 hectares mais
de 3,370.

Ce que le xixe siècle a fait pour la viabilité, en France,
chacun le sait. Les faits contemporains rendent encore plus
évident ce rapport constant entre l'étendue des routes en
France et l'étendue de la surface habitée à Paris. Il semble
cependant qu'à mesure que les distances sont abrégées,
pouvant changer de lieu, on ne devrait plus changer de
demeure. Nullement ! ce qui pourrait nous disperser nous
concentre, tant est forte la loi qui nous pousse à l'agglomération. Avec quelle passion tous les villages demandent
des chemins de fer ! Avec quel plaisir chaque Français,
dans le coin de son hameau, s'est mis à calculer depuis
vingt ans qu'il ne serait plus bientôt qu'à une heure, cinq
heures, douze heures de Paris ! Or une partie de ceux qui
s'y rendent, s'y fixent. Un kilomètre de chemin de fer de
plus en France et en Europe, c'est pour Paris, dix visi-

teurs et un habitant de plus. Or, il y avait en France :

ROUTES IMPÉRIALES.	ROUTES DÉPARTEMENTALES.
fin 1813......... 27,000 kil.	19,000 kil.
fin 1830......... 29,000	24,000
fin 1847......... 35,000	40,000
fin 1863......... 37,000	46,000

Quant aux chemins de fer, il y avait 18 kilomètres livrés à l'exploitation, en 1823, et, en 1863, il y en a 18,000. Aussi, l'enceinte de Paris n'est plus de 3,370 hectares, elle est de 7,802.

Mais ce n'est pas tout. Notre siècle et les grands hommes qui l'ont précédé n'ont pas seulement ouvert des chemins sur le sol ; ils ont en quelque sorte pratiqué des chemins dans les esprits et dans les lois. Il n'y avait pas seulement un obstacle au rapprochement des hommes, il y en avait trois ; l'absence de voies commodes, l'ignorance qui borne les pas comme les idées, la présence de mauvaises lois qui élevaient d'injustes barrières. La fin du xviiie siècle a vu abolir les *réglements industriels* que Turgot appelait « un glaive toujours levé avec lequel les magistrats peuvent à leur gré frapper, ruiner, déshonorer, » et les *statuts corporatifs*, que de nombreux abus avaient si fort éloignés de leur institution primitive, et que le même Turgot nommait « ces codes obscurs, auxquels il n'a manqué pour exciter l'indignation publique que d'être connus (1). » Le xixe siècle a répandu l'instruction supérieure et populaire, et il n'y a plus que 1,000 communes sans écoles, au lieu

(1) Mémoire de janvier et préambule de l'édit de février 1776.

de 15,000 qui existaient encore en 1829 (1). La première
voie de communication entre les hommes, c'est l'instruction.

On a créé des désirs et des moyens de déplacement, puis
l'on s'étonne qu'on se déplace. On a multiplié les rayons,
et l'on s'étonne que le centre grossisse. Autant vaudrait
se montrer surpris, lorsqu'au moment où se gonflent les
eaux de tous les torrents qui se rendent dans un lac, on
voit ce lac monter, inonder ses rivages. J'ai dit que les rois
et l'histoire avaient fait Paris ; et, en effet, l'unité du territoire a fait son importance, l'unité politique a fait son rôle
dans le pays, l'unité de la langue et de l'esprit national a
fait son influence dans le monde ; mais, recherchant les
causes de son étendue matérielle, je puis ajouter : Un
fleuve a fait Paris, les routes l'ont doublé, les chemins de
fer l'ont triplé. Si vous ne vouliez pas changer Paris, il ne
fallait pas changer la France, ou bien il fallait changer les
hommes.

Nommez maintenant les causes accessoires, rappelez
les progrès rapides de l'industrie, dont je parlerai séparément, l'inégale répartition des charges publiques, les
préférences somptueuses des souverains, l'imprévoyance des
administrateurs, le goût des aventures et des plaisirs, les
rêves de la jeunesse, les ambitions de l'âge mûr. Mais
convenez que ces causes sont accessoires, convenez que si
l'on place entre des hommes, c'est-à-dire entre des créatures sociables et souffrantes, un point où l'on semble

(1) Discours de M. Genteur, secrétaire général du ministère de
l'instruction publique, *Moniteur* du 20 mai 1864.

jouir et où l'on croit gagner plus qu'ailleurs, avec des moyens faciles de s'y rendre, ces créatures s'y rendront, et si tous les obstacles s'abaissent, si la pente est plus rapide, elles s'y précipiteront.

Qui se plaint? qui gémit? les écrivains, c'est-à-dire les penseurs, les moralistes, les poètes, et ils ont raison. En effet, le spectacle des villes est mélancolique; dans ces entassements, l'âme rêveuse étouffe, l'âme honnête frémit; dans ces ports aux mâts pressés, on se heurte, on ne se connaît pas ; dans ces forêts humaines, pas d'air, ni de repos, ni de vertu peut-être. Mais l'immense majorité des hommes n'obéit pas à la raison, à la prévoyance, à la poésie, elle obéit à la nécessité. Elle se rend où elle croit le fardeau de la vie le moins lourd. Or, dans les villes, cela est incontestable, la vie offre à tous plus d'intérêt, souvent plus de ressources. Les études, les plaisirs sont plus faciles, les salaires plus abondants; les riches y vont, les pauvres les imitent. Comment ceux qui travaillent ne suivraient-ils pas ceux qui font travailler?

Il s'opère ainsi, à mesure que les moyens de transport autour de la planète sont plus faciles, une double migration des hommes à la recherche du bonheur. Les uns, dont l'Académie a étudié les mouvements (1), épris de l'inconnu, gagnent les régions les moins habitées; les autres entraînés par l'exemple, se dirigent au contraire vers les régions les plus habitées; et si un navigateur aérien se tenait à égale distance du ciel et de la terre, ce n'est pas seulement entre

(1) *Histoire de l'émigration au XIX° siècle*, par M. Jules Duval (couronné par l'Académie).

les étoiles, c'est aussi entre les villes qu'il apercevrait deux
courants et deux forces, l'une qui s'éloigne et l'autre qui
s'approche incessamment du centre, et qui s'approche
d'autant plus que les distances deviennent plus courtes.

C'est là une loi, mais comme toutes les lois de la vie
humaine, elle est rigoureuse, elle porte avec elle le bien et
le mal ; c'est là une conséquence de notre condition, mais
cette condition est sévère, et en effet, l'agglomération qui
exerce sur l'imagination des hommes un si grand attrait,
soumet leur existence à d'immenses périls. L'opinion commune, il faut l'avouer, c'est que le mal est grand de nos
jours. On répète que Paris n'est plus une cité, mais une
foule partagée entre des riches adonnés aux plaisirs et des
ouvriers mécontents ; on dit que le luxe envahit la ville
par l'Ouest tandis que l'industrie l'envahit par l'Est, et que
l'équilibre entre les différentes professions étant rompu, les
liens traditionnels étant brisés sans être remplacés par
d'autres liens, les esprits étant troublés, la première ville
de France en devient le premier péril.

Je crois, pour ma part, ces inquiétudes très-exagérées,
mais puisqu'elles reposent avant tout sur le développement anormal de l'industrie et sur le nombre croissant des
ouvriers, étudions ce côté si grave de la question à l'aide
de la nouvelle statistique de la Chambre de commerce.

Laissons désormais parler les faits et tâchons de définir
la part de la vérité. Tempérons ce que ces questions ont de
brûlant par la froideur des nombres.

II

Paris, avec ses 1,700,000 habitants, se compose de vingt arrondissements partagés par la Seine; 14 sur la rive droite, de Bercy à Auteuil, 6 sur la rive gauche, d'Ivry à Grenelle.

Dans les quatorze premiers il a été recensé 78,884 patrons et 350,544 ouvriers; dans les 6 autres 22,287 patrons et 66,267 ouvriers, en tout : 101,171 fabricants, et 416,811 ouvriers. Le chiffre des affaires, en 1861, a dépassé 3 milliards; la valeur locative des emplacements occupés par l'industrie à Paris, atteint, sans parler du logement des ouvriers, 107,390,710 fr.

Les patrons et les ouvriers au nombre de 517,982 personnes, composeraient donc environ un tiers de la population totale.

Mais notons immédiatement que, sur 101,171 patrons, il en en a été recensé 62,199, qui travaillent seuls, ou emploient un seul aide; ce sont de vrais ouvriers.

De plus, on a compté à part 26,242 façonniers ou sous-entrepreneurs qui sont encore des ouvriers.

Ajoutons que les manufactures de l'Etat, les services et les établissements publics, recensés à part, n'emploient pas moins de 45,028 ouvriers, et les chiffres se représentent ainsi :

38,972 fabricants.
550,280 ouvriers.

En tout : 589,252 personnes.

Sur les 416,000 ouvriers indiqués d'abord, il y a :

285,881 hommes.
105,410 femmes.
25,540 enfants.

Mais n'oublions pas que ce chiffre comprend seulement les hommes, femmes, enfants, qui travaillent de leur personne; ce sont les ouvriers, sans les membres de leur famille qui ne travaillent pas.

Reportons-nous au dénombrement total de la population, pour compléter ce chiffre, pour connaître le nombre des habitants de Paris qui vivent de l'industrie, et nous arrivons au chiffre bien plus élevé de 932,732 hommes, femmes ou enfants, vivant de l'industrie à Paris, soit à peu près un million d'habitants sur une population totale, non compris la garnison, de 1,667,841 âmes.

Ajoutons, comme représentant un nombre immense de bras (à peu près 7 par force de cheval), le nombre des machines à vapeur de Paris.

Dans toute la France, et sans compter les locomotives, il y avait, en 1859, 13,691 machines à vapeur, employées par l'industrie. Dans Paris seulement, en 1861, il en a été recensé 1800, de près de 10,000 chevaux, soit à peu près 1/9e de ce qui existe pour toute la France.

Un million d'hommes, de femmes et d'enfants, patrons ou ouvriers, 10,000 chevaux de vapeur, voilà les forces de l'industrie parisienne.

Or le commerce emploie environ 200,000 personnes.

En face de ces 1,200,000 personnes occupées de commerce et d'industrie, auxquelles on peut bien ajouter 38,000 banquiers, courtiers, directeurs ou agents de compagnies, le recensement présente 25,000 étudiants, 4,000 détenus, 9,000 pensionnaires des hospices, 15,000 individus sans place, 46,000 concierges, qui sont encore à peu près des ouvriers, 53,000 inconnus. Restent les professions libérales, savoir 14,000 personnes qui appartiennent à la justice, 13,000 à la médecine, 14,000 à l'enseignement, 25,000 aux arts, 4,000 à la science, 8,000 dont 6,000 religieux ou religieuses au clergé, 52,000 aux fonctions du gouvernement, et les rentiers, les pensionnés, les propriétaires, forment ensemble un dernier chiffre de 158,000 hommes ou femmes.

Reprenons sous une autre forme et en gros chiffres :

Il y a à Paris,

1,700,000 habitants.

Savoir : 750,000 hommes.
700,000 femmes.
250,000 enfants.

1,700,000 personnes.

120,000 libérales.
160,000 propriétaires.
220,000 professions diverses.
1,200,000 industrie et commerce.

1,700,000

Sur ce nombre, 400,000 vivent de la propriété, du gouvernement, des professions libérales, 100,000 sont aux écoles, aux hospices, aux prisons, 200,000 vivent du commerce, un million de l'industrie, et 30,000 soldats, sans compter la garnison des forts détachés, gardent cette immense multitude. Voilà Paris ! et le cardinal de Richelieu serait satisfait, puisqu'il écrivait dans son testament :

« Il importe qu'il y ait en l'Etat plus de maîtres ès-arts mécaniques que de maîtres ès-arts libéraux. »

Avant de nous demander s'il convient de partager cette satisfaction que le célèbre cardinal n'aurait peut-être pas éprouvée en revoyant le Palais-Royal rempli de bijoutiers, entrons dans le détail de chacun des groupes de l'industrie parisienne. Pour cette analyse nécessairement un peu longue et pour ses conclusions, j'ai à proposer à l'Académie tout un voyage dans un Paris qui est à peine connu, je dirai même à peine visible, pour les habitants des quartiers riches.

Placez-vous sur le pont de la Concorde, et regardez la cité. Quel admirable tableau d'histoire dans un paysage grandiose ! Sur la rive droite de la Seine, l'autorité du Souverain dans un palais majestueux en face de son conseil d'état, sur la rive gauche, la liberté du pays dans le palais du parlement ; à droite, le brillant quartier de la richesse, à gauche, les hôtels de l'ancienne noblesse ; à droite, le Louvre, palais des beaux arts, à gauche, l'Institut où je parle, palais de la science ; puis, au fond du tableau, une île qui porte au cœur de la grande ville, comme dans une arche, ces deux choses saintes, la loi et la religion, le Palais de justice et Notre-Dame ! C'est là, pour presque tous les voyageurs et les écrivains, c'est là tout Paris. Mais ce beau Paris n'a pas 300,000 habitants. Là-bas, derrière les monuments, pénétrez dans des rues étroites ; gravissez des montagnes, voyez ces maisons entassées, écoutez ces bruits de chariots, de marteaux, de machines ; entrez dans la patrie de la fumée et de la lime, dans le camp des tanneurs du faubourg Saint-Marceau, des ébénistes du faubourg Saint-Antoine, des passementiers du faubourg Saint-Denis, des mécaniciens de la Chapelle, des raffineurs de la Villette.

C'est là une seconde ville dans une même enceinte ; c'est le Paris du travail que nous aurons maintenant à parcourir et à caractériser.

L'enquête de la Chambre de commerce se compose de deux parties, les chiffres et les faits.

La partie numérique est due aux infatigables recherches de M. Moréno-Henriquez ; la partie historique et morale au talent exercé de M. Cottenet ; toutes deux ont été dirigées et revues par deux hommes éminents, MM. Davillier et Denière, président et secrétaire de la Chambre de commerce.

L'enquête divise toute l'industrie parisienne en dix groupes :

PREMIER GROUPE. — *Alimentation.*

Voici, en première ligne, les industries qui nourrissent l'homme ; elles emploient 39,000 ouvriers aux ordres de 30,000 patrons, faisant 1,100 millions d'affaires.

Ce sont d'abord les 1,132 bouchers, dont la corporation a un nom dans l'histoire et peut servir d'argument à l'économie politique ; ils étaient groupé jadis au parvis Notre-Dame, puis autour de Saint-Pierre-*aux-Bœufs*, de la Tour-St-Jacques qui a conservé le nom de *la Boucherie*. Leur industrie a traversé le régime du privilége, le régime du réglement, celui de la liberté, puis, à partir de 1789, cette série a recommencé. Le Parisien a connu, depuis cette époque, la disette et le rationnement, le monopole et la limitation, enfin, depuis 1858, la liberté, maintenant justifiée, car l'approvisionnement et la qualité de la viande n'ont pas baissé comme on le redoutait ; il est vrai que le prix n'a pas baissé comme on l'espérait. Les 930 boulangers, avec leurs 4,489 ouvriers, essaient le même régime, depuis 1863, après avoir traversé de même tous les systèmes ; la liberté succède au monopole, et le privilége, né de la difficulté de l'approvisionnement, tombe peu à peu devant les facilités du commerce.

Plus de 3,000 restaurateurs, aidés par plus de 7,000 employés et près de 10,000 marchands de vin, employant plus de 5,000 ouvriers, se partagent les passants, les voyageurs et consommateurs sédentaires; les restaurateurs, déployant chaque jour plus de luxe, mais ne s'installant plus jusque dans le jardin des Tuileries, comme ce cabaret de Renard où s'attablaient Longueville et Beaufort; les marchands de vin, autrefois confrérie religieuse, puis comptant le roi pour concurrent; ils étaient relativement plus nombreux autrefois; il ne faut pas accuser notre siècle de les avoir multipliés, lorsqu'on voit que leurs enseignes ont donné leurs noms à la moitié des rues du vieux Paris (1). Il n'y a pas moins de 3,370 ouvriers au service des 1,125 *épiciers,* que leurs statuts de 1484 appelaient d'un titre qu'ils devraient toujours avoir présents à l'esprit, *officiers marchands d'avoir du poids.*

Citons encore les 21 *raffineurs de sucre* avec 1,700 ouvriers, et de tels moyens mécaniques que leur fabrication dépasse 95 millions; puis deux industries que le siècle dernier ne connaissait pas, les fabricants de *conserves* qui fabriquent pour plus de 5 millions, et les fabricants auto-

(1) Voir le très-curieux *Rapport au Conseil municipal sur les noms des rues de Paris,* par M. Merruau, 1863.

risés en 1660, à vendre « une certaine composition, *dite chocolat*, » dont le produit dépasse actuellement à Paris 15 millions.

DEUXIÈME GROUPE. — *Bâtiment.*

Aux industries qui servent notre table, l'enquête fait succéder les industries qui élèvent nos maisons.

Très-souvent on répète qu'il y a au moins cent mille maçons à Paris, c'est une erreur; l'enquête en a recensé 31,000 au moment des plus actives constructions; encore y en a-t-il 1/3 au moins qui quittent Paris chaque année emportant leurs épargnes. Le chemin de fer d'Orléans seul amène, depuis quatre ans, environ 20,000 maçons de la Creuse, et il en ramène 13,000.

5,000 charpentiers, 3,500 couvreurs, 8,000 menuisiers, 6,600 peintres, 6,000 serruriers complètent l'armée du bâtiment, armée de 60,000 hommes qui a transformé la ville en dix ans.

TROISIÈME GROUPE. — *Ameublement.*

A meubler la maison, Paris occupe la moitié des ouvriers qui la construisent. Les meubles seuls occupent près de 12,000 ouvriers, les papiers peints 4,400, les bronzes 2,300 et de plus en plus, dans ce groupe, le travail, comme la science, se divise et se subdivise en spécialités.

QUATRIÈME GROUPE. — *Vêtement.*

On croirait à peine que pour vêtir l'homme, il faut plus d'ouvriers que pour le loger et même pour le nourrir. Le groupe du vêtement, qui comprend les cordonniers, chapeliers, couturières, blanchisseurs, etc., emploie 78,000 ouvriers, dont plus de 50,000 femmes ou enfants.

CINQUIÈME GROUPE. — *Fils et tissus.*

On aurait pu rattacher aux industries de l'ameublement et du vêtement le groupe des *fils et tissus,* auquel appartiennent 26,000 ouvriers dont environ 17,000 femmes et enfants. Le nom est impropre, car on ne file pas, on ne tisse pas à Paris; on apprête, on dessine, on imprime, on teint ce qui se file et se tisse ailleurs; on y fabrique avec un goût parfait les ornements, dentelles, broderies, boutons, franges, nouveautés, et la passementerie seule emploie 8,500 ouvriers et fait pour plus de 40 millions de produits, dont deux tiers s'exportent.

SIXIÈME GROUPE. — *Métaux communs.*

La présence de l'industrie des gros métaux dans Paris se comprend moins, et pourtant comme elle existe partout dans les grandes villes, à Vienne comme à Londres, à Moscou comme à Bruxelles, il faut admettre que nulle n'a plus grand besoin, au moins à ses débuts, du voisinage de la science, du concours du crédit, de la facilité des transports. A Paris, sont les premiers constructeurs de machines de France; ils emploient 8,627 ouvriers, et le chiffre de leurs affaires est de 49 millions dont 21 pour l'exportation. Les fondeurs viennent après, avec 4,000 ouvriers. Notons dans le même groupe les fabricants de ces machines à coudre, inventées en 1804 par un anglais, perfectionnées en 1828 par un français, complétées en 1846 par un américain, machines à broder, à piquer, etc., qui font le travail d'environ six ouvrières. On en a fabriqué en 1861 pour plus de 2,500,000 francs, et cette industrie grandit chaque année.

SEPTIÈME GROUPE. — *Métaux précieux.*

L'orfévrerie dont les statuts datent du VIIIe siècle, et la bijouterie, subdivisée en une multitude de spécialités, métiers qui exigent à la fois beaucoup de capitaux et de goût, emploient à Paris plus de 10,000 ouvriers.

HUITIÈME GROUPE. — *Industries céramiques et chimiques.*

Le groupe des industries chimiques et céramiques, peu important, est encore plus considérable qu'il ne devrait l'être au point de vue de la salubrité. Dans Paris, on fabrique des allumettes, des chandelles, du caoutchouc, de l'encre, de la gélatine, de la colle, du noir animal, du charbon artificiel, des acides sulfurique, nitrique, etc. On fond du suif, on épure de l'huile. Toutes ces industries, il est vrai, n'occupent pas à elles toutes autant d'ouvriers que deux industries du même groupe, la *parfumerie*, qui produit pour 22 millions avec 1,500 ouvriers, et la *pharmacie* exercée par 828 patrons, occupant 1,500 ouvriers et fabriquant pour 38 millions de remèdes divers, sur l'ordonnance de nos médecins.

NEUVIÈME GROUPE. — *Imprimerie, gravure et papeterie.*

Les industries qui sont au service de la pensée humaine,

l'imprimerie, la gravure, la papeterie, emploient 19,000 ouvriers, précisément la moitié autant que les industries qui servent à nourrir notre corps. Sur 6,459 imprimeurs typographes il n'y avait, en 1861, que 408 femmes. Le chiffre des ouvriers imprimeurs avait d'ailleurs augmenté de près de 2,000 depuis 1847.

DIXIÈME GROUPE. — *Industries diverses.*

Le 10e groupe est subdivisé en six catégories. La plus importante et la plus curieuse est intitulée : *Articles de Paris*, et elle comprend 5,000 patrons, 25,000 ouvriers, et un chiffre d'affaires qui dépasse 127 millions. Comment désigner sous un autre nom les innombrables produits de la mode, ou ces petits articles superflus que l'on a imposé sous le nom de nécessaires et ces mille brimborions qui servent à amuser les enfants ou les hommes ? On fabrique, sous le nom d'articles de Paris, pour plus de 28 millions de fleurs artificielles, pour plus de 10 millions de cheveux postiches, pour plus de 5 millions de nécessaires, pour plus de 7 millions de porte-feuilles, pour plus de 8 millions de bimbeloterie et jouets, etc. Le 3e arrondissement, le Temple, est la patrie de ces industries toutes parisiennes. Le corps, le buste, la tête, les bras, les dents, les yeux, la perruque, le linge, les robes, les gants, les souliers, les chapeaux de la poupée y sont fabriqués par des artisans qui n'ont aucun rapport entre eux. Il y a des menuisiers, des ébénistes, des tourneurs, des estampeurs, des ferblan-tiers, des faïenciers, des lingères, des modistes, des selliers, des armuriers, des menuisiers, des opticiens, des luthiers spéciaux pour jouets d'enfants.

Les instruments de précision, les instruments de musique, les instruments de chronométrie, ou l'horlogerie, sont encore des spécialités de l'industrie parisienne, toutefois avec des divisions bizarres. On y assemble les montres, on ne les fabrique pas, mais Paris est sans rival pour les pendules. On y fabrique les instruments de cuivre; les instruments à corde se font à Mirecourt, dans les Vosges.

L'industrie des peaux était au nombre des plus anciennes corporations de Paris; les tanneurs ont des statuts du xiᵉ siècle. Elle y emploie encore 6,000 ouvriers auxquels on peut rattacher les 18,000 de la sellerie et carosserie. Il eût été raisonnable de ranger dans les articles de Paris la boissellerie, vannerie, brosserie avec ses 4,000 ouvriers. Il y a là de curieux exemples de l'ingénieux esprit parisien; on voit fabriquer des pipes dont le tuyau vient de Saint Claude, le fourneau de Montereau, la garniture du Brésil, et qui se vendent en Espagne.

Sous le nom d'*industries non groupées*, l'enquête a recensé plutôt des commerçants que des industriels, par exemple : les 5,000 maîtres d'hôtel ou de garnis avec près de 4,000 employés, les marchands de bois à brûler qui font pour 60,000,000 d'affaires, les 568 maraîchers qui représentent encore l'agriculture dans Paris, les 338 jardiniers qui vendent pour près de 3 millions de fleurs, plus de 400,000 fr. destinées à orner les tombes de nos cimetières.

Services publics.

L'enquête n'eût pas été complète sans un chapitre destiné aux établissements industriels de la ville ou de l'Etat, car la ville ou l'Etat interviennent dans l'industrie parisienne de trois manières :

L'Etat a quatre manufactures : la Monnaie qui fabrique, outre 5 à 600 millions de monnaie par an, 20 millions de médailles de sainteté et 378 millions de timbres-poste au lieu de 5 millions en 1848; les Gobelins, réduits à 100 ouvriers; l'Imprimerie impériale, avec 1,000 ouvriers; les Tabacs avec 3,000, dont 2,500 femmes. L'Etat est le boulanger des soldats, la Ville est la boulangère des indigents, de plusieurs colléges, de plusieurs casernes, et des prisonniers. Ce pain officiel se fabrique dans trois établissements, la Manutention, la maison Scipion, et Saint-Lazare.

De la ville ou de l'Etat relèvent encore le Timbre, les prisons où 2,000 détenus environ travaillent, les abattoirs qui vont être centralisés, le service du balayage, de l'arrosage et des égoûts, avec 3,500 ouvriers, la filature des indigents, qui n'emploie plus que 1,200 femmes au lieu de 3,400, les halles et marchés, où il se fait pour plus de 400 millions d'affaires sous la surveillance de près de 3,000 agents. Enfin de grandes compagnies sont chargées par la ville de certains services publics, les eaux (1860), le gaz (1860), les omnibus (1854), qui transportent plus de 75 millions de voyageurs, les petites voitures (1862), avec 3,000 véhicules, les pompes funèbres.

Ce caractère mixte appartient encore à trois grandes entreprises : les théâtres, qui, au nombre de 33, peuvent contenir chaque soir 43,000 spectateurs ; les journaux, au nombre de 17, occupant en 1861 plus de 1,000 ouvriers au service de 250,000 abonnés ; enfin les chemins de fer, qui ont à Paris 5,000 employés, plus de 10,000 ouvriers, et y amènent ou en emportent 5 millions de tonnes de marchandises (1), et 24 millions de voyageurs, près de 70,000 par jour (2).

Ces 20 établissements ou services ont un personnel de 45,000 ouvriers, plus ou moins ouvriers de l'industrie, mais que la Chambre de commerce a utilement recensés, pour ne laisser dans l'ombre aucune partie de l'immense tableau qu'elle a voulu tracer.

Pour mettre un peu d'ordre dans les conclusions auxquelles doit nous conduire un si vaste ensemble de faits, je vais énumérer trois questions auxquelles il me paraît possible, en s'appuyant sur ces faits eux-mêmes, de répondre nettement :

1° Le développement de l'industrie à Paris est-il un événement tout nouveau, ou bien l'industrie suit-elle seulement pas à pas les accroissements généraux de la ville ?

(1) 4,820,354 tonnage par chemin de fer.
2,366,063 — par eau.
7,188,417 tonnes.
(2) 24,535,261 voyageurs.
33,825 au départ } par jour.
33,211 à l'arrivée

2° Ce développement est-il un progrès ou un péril, au point de vue de l'intérêt général?

3° Existe-t-il des moyens de limiter ou de modifier un fait de cet ordre, et quels sont ces moyens?

III

On pourrait croire, en lisant l'enquête de la Chambre de commerce de Paris, que chacune des industries existantes a un passé, car chacune a une histoire.

Cette partie historique de l'enquête se compose d'une série de notices dues à M. Cottenet, et presque toutes extrêmement curieuses. Chacune est une histoire du *corps de métier*, j'emploie cet ancien mot, parce que chaque notice raconte en effet les transformations du *corps* et les perfectionnements du *métier*, l'histoire légale des hommes adonnés à une profession et l'histoire technique des procédés et des outils de cette profession. La description des procédés est faite avec un art merveilleux, mais elle ne doit pas m'occuper ici. L'historien, l'économiste, le simple curieux, trouvent dans ces notices de quoi se satisfaire.

Comme le naturaliste signale la trace d'espèces perdues ou nomme des espèces nouvelles, le curieux peut suivre, dans les notices de M. Cottenet, des industries qui tombent et des industries qui s'élèvent, enfantées ou abandonnées par les deux puissances créatrices de l'industrie parisienne, la science et la mode.

Le curieux note, s'il aime les origines des mots, que le nom de *quincaillerie* vient de *quinque*, cinq, et désignait autrefois des objets à cinq sous, exempts de droits à cause de leur bas prix ; et, s'il préfère les traits de mœurs, il apprend que, seulement en 1675, et malgré l'opposition des *tailleurs*, lesquels jusques-là faisaient les robes de dames, Louis XIV érigea en maîtrises les *couturières* : « Considérant qu'il était dans la bienséance et convenable à la « pudeur et à la modestie des femmes et des filles, de *leur* « *permettre* de se faire habiller par des personnes de leur « sexe, *lorsqu'elles le jugeraient à propos*. »

L'historien et l'économiste recueillent des enseignements plus importants.

L'histoire des métiers est le raccourci de l'histoire civile de la France : mêmes commencements, mêmes développements, mêmes conclusions.

L'organisation des métiers est d'abord religieuse, puis professionnelle et municipale, puis générale ; la confrérie précède et enfante la corporation ; les métiers qui touchaient de plus près aux églises, comme les maçons et les orfévres, ont les statuts les plus anciens ; on ne sait pas la date des confréries de maçons, tant elles sont anciennes ; celle des orfèvres a des statuts du viii° siècle.

La corporation élève un certain nombre d'artisans à des droits, mais un certain nombre seulement ; à peine entrés, ils ferment la porte ou ne l'ouvrent qu'à prix d'argent ; ces petites libertés devenues de petits priviléges, nuisent, excluent et pèsent au lieu de protéger. Ce sont des frontières sans nombre entre les pays, entre les villes, entre les métiers, entre les hommes ; c'est à qui érigera une petite forteresse de plus, rempart pour quelques-uns, barrière pour le plus grand nombre. Peu à peu ni l'industrie, ni la raison, en grandissant, ne peuvent tolérer ce régime. Peu à peu es droits particuliers se fondent dans le droit commun, mais en passant d'abord par la subordination au droit de l'Etat : l'égalité sous le roi précède l'égalité devant la loi.

Le gouvernement, à son tour, nivelle, distribue, taxe les métiers, il les soumet à des règles compliquées et mobiles, il veut établir une unité factice. La liberté du travail naîtra enfin, non sans apporter elle-même de nouveaux périls, car tous les chemins ouverts aux pas de l'homme ici-bas sont difficiles; l'ouvrier, délivré par elle de l'embrigadement, de l'arbitraire et du privilége, est exposé à la concurrence et à l'isolement.

Confrérie, corporation, réglement, liberté, telles sont les dates de l'histoire des métiers à Paris; on croirait avoir devant les yeux les perspectives de l'histoire civile de la France. La statistique a emprunté à la géométrie l'usage de lignes graphiques très-commodes pour rendre sensibles les variations numériques des finances ou de la population. Si l'on décrivait ainsi par une courbe cette obscure histoire industrielle de Paris, cette ligne souvent brisée, abaissée, relevée ou traînante, tendrait cependant toujours du droit de quelques-uns aux droits de tous, et des petits monopoles à la grande liberté.

Les notices de M. Cottenet nous permettent de signaler un autre trait curieux du progrès des mœurs. A mesure que les règlements qui touchent les personnes disparaissent, les réglements qui concernent les choses se multiplient. L'homme devient de moins en moins maître de ses semblables, il aspire à devenir de plus en plus maître de la nature matérielle, il s'occupe moins des rapports privés, beaucoup plus des intérêts publics. On tolère la concurrence, on ne tolère plus l'insalubrité. On tolère des professions sans règles, on ne veut plus des ruelles sans jour et sans ruisseaux. Jadis, le boucher ne pouvait pas vendre sans autorisation, mais il pouvait tuer dans la rue, aujourd'hui il vendra à son gré, mais il ne sera plus libre de tuer dans la rue. Le caractère de l'intervention de l'administration publique change entièrement, et c'est un progrès.

Mais, sans nous laisser détourner par ces observations intéressantes du point principal de nos recherches, interrogeant les *notices* de la Chambre de commerce sur l'importance qu'avaient autrefois les industries parisiennes, nous ne trouverons pas la réponse. Ces notices indiquent l'existence de ces industries, nullement leur étendue. Jamais, jusqu'en 1849, on n'a senti l'utilité de recenser à part l'industrie, et de mesurer pour ainsi dire la taille d'un géant qui jusque-là n'avait qu'une stature ordinaire.

Tous les documents anciens ne laissent pas douter que l'industrie de Paris n'était autrefois que le cortége de fournisseurs divers qui se portent partout où il y a des hommes à loger, à nourrir et à vêtir. Le livre des métiers, d'Etienne Boileau, la liste des industriels et commerçants soumis à la taille sous Philippe le Bel, aussi bien que la nomenclature des corps de métiers supprimés et rétablis en 1776, le *Dictionnaire de Savary* (1744) et le curieux recueil de 1777 qui existe sous le nom de *Dictionnaire du Commerce* aux archives de la préfecture de police, avec tous les statuts des corps de métiers, ne nous donnent pas une autre idée de l'industrie parisienne.

Faites promener aujourd'hui un étranger dans les divers quartiers de la ville, et il sera surpris par le développement

gigantesque de cette puissance nouvelle. Interrogez au contraire un des historiens de Paris, même Delamarre, qui
consacre aux bouchers deux ou trois cents pages. Ouvrez
les impressions de voyages des visiteurs de Paris. Au xiv⁰
siècle, un habitant de Senlis, dont le journal existe à la
Bibliothèque Royale, consacre un chapitre aux ouvriers,
artificibus manualibus; il ne cite que des fabricants
d'armes, d'images, de vivres et des écrivains. Au xv⁰, Guil-
lebert de Metz dont M. Le Roux de Lincy a publié le
récit, ne voit que des bouchers, des teinturiers, des armuriers ou haumiers, comme on disait alors. Au xvi⁰, l'un des
ambassadeurs vénitiens qui ont visité Paris, Jérôme Lip-
pomano, s'exprime ainsi en 1577 : « Les rôtisseurs et les
« pâtissiers remplissent, sans nul doute, la moitié de la ville.
« Il y a 1,800 jeux de raquette. La cour, dans ses voyages,
« entraîne un si grand nombre de courtisans, de serviteurs
« et de boutiquiers, qu'on dirait une cité tout entière qui
« s'en va. » Au xvii⁰, les jeunes Hollandais, dont M. Faugère
a publié le voyage, se rendent souvent à Charenton pour
entendre le prêche sans remarquer les ateliers du faubourg
Saint-Antoine. Au xviii⁰ siècle enfin, l'almanach royal qui
commence à partir de 1700, indique pour la Cour, la justice, le clergé, un nombre de personnes presque aussi grand
qu'à présent, et elles étaient suivies d'un tel nombre de do-
mestiques dont M. Clément a raconté récemment les mé-
faits (1), qu'un dénombrement sans nom d'auteur qui existe à
la date de 1732 aux archives de la Chambre de commerce,
en porte le chiffre à 150,000 sur 600,000 habitants. Il eût

(1) Notice sur le lieutenant de police La Reynie.

été de 200,000 si l'on consulte aux mêmes archives un
livre de 1756, intitulé *Journal du citoyen* et que le dictionnaire des anonymes attribue à un censeur royal nommé
de Jèze. Il contient un essai de statistique industrielle à
cette époque, ou du moins il donne le nombre des maîtres.
Excepté les tanneurs et les fondeurs, on ne trouve dans
cette nomenclature que des fournisseurs, 4,800 maîtres
tailleurs, 2,500 cordonniers, 800 tapissiers, 805 perru-
quiers, 900 fripiers, 120 arquebusiers, etc. M. Lavoisier
écrit, vers 1785, une note imprimée en 1791 et souvent citée
sur Paris; ni dans cette note, ni dans les papiers de l'illustre
chimiste, si bien placés entre les mains de M. Dumas, on
ne trouve l'indication des développements de l'industrie à
Paris. En 1791, la municipalité ouvre un concours sur les
moyens d'encourager l'établissement de fabriques *en tout
genre.*

Il est évident que jusqu'à notre siècle, les établissements
industriels à Paris, n'étaient à peu près que des établissements de fournisseurs, et comme les bâtiments de service
d'un château.

Les industries avaient alors leur patrie ou leur province qu'elles ne quittaient pas; la toile restait en Hol-
lande, la laine en Espagne, la soie en Italie; depuis Colbert,
le drap était à Sédan, la soie à Lyon, le fil à Rouen, le
fer auprès des forêts. Paris était la capitale du luxe et du
commerce

Le luxe, que l'on croit nouveau à Paris, y est fort ancien. Je renvoie, pour s'édifier à cet égard, les sermonaires
de nos jours à leurs prédécesseurs, et pour n'en citer que
deux, à l'un des confesseurs de Henri IV, René Benoist,

qui tonne au xvi⁰ siècle, avec des détails très-précis,
contre les coiffures, les robes et les bijoux de son temps, et
au moine Abbon qui, en racontant, au viii⁰ siècle, le siége
de Paris par les Normands, attribue la colère de Dieu au
luxe désordonné des Parisiennes (1).

La même cause a d'ailleurs toujours produit le même
effet, si finement apprécié par Montesquieu :

« Le luxe est en proportion avec la grandeur des villes
« et surtout de la capitale... Plus il y a d'hommes en-
« semble, plus ils sont vains, et sentent en eux l'envie de
« se signaler par de petites choses. Chacun prend les mar-
« ques de la condition qui précède la sienne. Il résulte de
« tout cela une incommodité générale, etc. (2). »

Le commerce à Paris est plus ancien encore que le
luxe ; il est bien plus ancien qu'à Londres ; il a créé la ville,
et le fleuve qui la traverse a porté tous les marchands de
l'Europe. Les premiers habitants, groupés ensemble,
furent des marchands. Les armes de Paris sont un bateau
marchand. L'Hôtel-de-Ville s'est appelé pendant plusieurs
siècles la *marchandise*, Grégoire de Tours nomme le
parloir aux bourgeois : domus negotiantium. Le premier
magistrat de la ville était le *prévôt des marchands*. Les
dix corps de marchands avaient seuls le droit de voter pour
les fonctions municipales, et de porter le dais sur la tête des
rois. Les plus nombreux, les *Merciers*, que l'on appelait

(1) ..... *Propter vitium triplexque piaculum*
Quippe supericilium, Veneris quoque fœda venustas,
Ac vestis pretiosæ elatio, te tibi tollunt.
(I, 598, édition de M. Taranne, 1834)
(2) *Esprit des Lois*, liv. VII, chap. i.

marchands de tout, *fabricants de rien*, défilèrent au nombre de trois mille à l'entrée dans Paris du roi Henri II. Avec notre siècle, le commerce de Paris s'est développé encore; le chiffre des patentes a quadruplé de 1800 à 1860; toutes les fabriques de la France et de l'Europe ont leur dépôt à Paris. Tout le centre de la ville est occupé par le commerce et il envahit sans cesse. Les hôtels de la place Royale sont devenus des magasins. Sur la place des Victoires, Louis XIV est environné de marchands de toile, et déjà, sur la place Vendôme, Napoléon n'a pour cortége que des banquiers dans les hôtels bâtis par Mansard.

C'est l'industrie qui est nouvelle à Paris, et, sans interroger davantage l'histoire, terminons par cette preuve très-simple; l'industrie est nouvelle à Paris parce qu'elle est nouvelle dans le monde; Senefelder est mort en 1834, Lebon en 1802, Fulton en 1815, Stephenson en 1830, Jacquart, que ses camarades voulaient jeter au Rhône, comme M. Reybaud l'a si bien raconté, a été couronné par la Société d'encouragement en 1808, et les premières balles de coton furent importées à Liverpool en 1770.

Depuis la naissance de l'industrie à Paris, quels ont été précisément ses progrès? Nous devrions le savoir exactement, en comparant les deux enquêtes de la Chambre de commerce. Par malheur, elles ne sont pas comparables.

Bien qu'il s'agisse dans les deux enquêtes de Paris, d'industrie, de statistique, nous n'avons à vrai dire sous les yeux en 1847 et en 1861 ni la même ville, ni les mêmes faits, ni la même méthode.

Toutes deux, adoptant une excellente division, se composent d'une introduction, puis de trois parties, comprenant:

Les résultats généraux ;

Les résultats spéciaux ;

Les résultats accessoires.

Mais là s'arrêtent les ressemblances, là commencent les diversités.

Depuis le 1er janvier 1860, Paris comprend 20 arrondissements au lieu de 12, et les 12 anciens arrondissements ont changé de numéro, de circonscription, de figure.

Dans l'enquête de 1847, les industries recensées étaient au nombre de 325, réparties en 13 groupes ; dans l'enquête nouvelle, il a été recensé 455 industries, réparties en dix groupes, répartition peut-être plus exacte, regrettable cependant. L'édit de 1776 énumérait six corps de marchands, 44 communautés d'artisans, 21 professions libres. Le rapport sur l'exposition universelle de 1862 répartit les industries en 62 groupes. De telles différences rendent toute comparaison impossible.

Enfin, et cela est plus grave, plusieurs des chiffres importants de la première enquête semblent démentis par la seconde. Ainsi, comment croire que le chiffre des patrons ait augmenté de 14,000 en treize ans, le chiffre des ouvriers de 42,000 seulement, pendant que le chiffre des ouvrières diminuait de 7,000, et le chiffre des enfants restait presque stationnaire? Comment admettre que le chiffre des affaires augmentait de 1,200,000, pendant que l'exportation tombait du 8e au 10e des affaires?

Ces doutes ne permettent pas de comparer, au moins et avec précision, les deux enquêtes. Toutefois, le résultat

géneral et incontestable est un progrès considérable dans
le nombre des patrons et des ouvriers, comme dans l'importance des affaires. Nous l'avons vu, ce résultat est confirmé
par le mouvement de la population, officiellement constaté,
surtout de la population des quartiers industriels. On ne
saurait trop rappeler que l'arrondissement de Saint-Denis
qui contenait La Villette, La Chapelle, Belleville, renfermait en 1800, 41,000 âmes, et en 1856, avant l'an-
nexion, 360,000. Le volume de statistique, publié par
M. de Rambuteau, contient la statistique des décès par
profession, pour 1831 ; or on peut admettre que le nombre
des morts est proportionnel à celui des vivants de chaque
profession ; ce relevé nous apprend qu'en 1831, il y avait
2 habitants industriels sur 5 habitants, et nous avons vu
qu'en 1861, 20 ans après, il y avait 2 habitants industriels
sur un peu plus de 3 habitants. Ces deux chiffres indiquent exactement la profession rapide, continue, croissante.

IV

J'ai mis sous les yeux de l'Académie l'ensemble des faits
qui prouvent et l'ensemble des causes qui expliquent l'é-
norme accroissement de la population dans Paris. Je me suis
servi en outre de la statistique récemment publiée par la
Chambre de Commerce, pour établir la part spéciale et pré-
pondérante que prend de plus en plus l'industrie dans cet
accroissement de la population de la capitale de la France.

Faut-il s'applaudir ou doit-on s'effrayer de ces deux
résultats ?

L'Académie trouvera bon que j'écarte les considérations

politiques. Je ne me demanderai donc pas quels sont les bienfaits ou les périls qui résultent de la présence, au sein d'un État, d'une capitale grandissante.

Élevant moins haut mes regards, je me bornerai à examiner les effets directs de la transformation de Paris en ville manufacturière. La présence, le développement de l'industrie à Paris, est-il un bien ou un mal? Le bien l'emporte-t-il sur le mal?

Il existe à cet égard trois opinions.

« Paris, écrit la Chambre de commerce en tête de sa dernière enquête (1), est un merveilleux foyer de production, une source inépuisable de bien-être et de richesse. Les découvertes de la science, le goût des arts, et l'instruction générale, chaque jour plus répandus, favorisent incessamment les progrès de notre industrie, dont les pouvoirs de l'État s'appliquent avec un zèle persévérant à accélérer la marche..... Les salaires augmentent, la durée du travail diminue, le bien-être et la moralité sont en progrès manifeste. »

En face de l'enquête des patrons, plaçons l'enquête des ouvriers. Tous les rapports de ceux qui ont été délégués à l'exposition universelle de Londres, peuvent se résumer ainsi : *Nous sommes malheureux.*

Consultons les hommes politiques. Presque tous, après des révolutions si nombreuses, accomplies dans le court espace d'une vie d'homme, en comparant l'ancien corps électoral de la Seine qui se composait de 18,500 électeurs et le nouveau dont les listes portent 400,000 noms, pres-

(1) Introduction, p. 47.

4

que tous les hommes politiques commentent tristement le mot attribué à François Myron : *Paris est sur un tonnelet de poudre* (2).

Entre ces trois opinions, si différentes, si opposées, qui donc a raison ?

Je réponds : *tout le monde*, et je vais essayer de le prouver.

L'immense collection de documents, réunis avec tant de labeur et de succès par M. Moréno-Henriquez pour la Chambre de Commerce, me permet d'examiner en détail quelle condition l'industrie parisienne fait aux ouvriers qu'elle occupe.

Or toute la question est là.

Commençons par les *salaires*.

L'enquête de 1851 évaluait la moyenne du salaire de l'ouvrier à 3 fr. 80 c.

Il serait, en 1861, de 4 fr. 54 c.; augmentation 21 0/0.

Le salaire de la femme, évalué dans la première enquête à 1 fr. 63 c., serait de 2 fr. 14 ; augmentation 23 0/0.

Pour calculer cette moyenne, la Chambre de commerce a très-soigneusement relevé, dans chaque industrie, le nombre des ouvriers et ouvrières touchant le minimum, la

(2) Lettre à Henri IV, du 24 mai 1605 : « La capitale de l'empire ne doit pas être une ville d'industrie flanquée de manufactures. Le cœur d'un Etat doit être dégagé sous la main de l'autorité souveraine... Si vous attirez à Paris, par vos fabriques, un essaim trop prodigieux d'artisans, vous vous condamnez à leur bâiller toujours de l'ouvrage. Si vous n'en pouvez mais... gare à la sédition ! Votre trône est sur un tonnelet de poudre. »

(Lazare, *Rues de Paris*, p. 48).

moyenne, le maximum. Cette partie de l'enquête est tout
à fait remarquable. Mais après avoir comparé tous ces
chiffres, on a exclu du calcul total, 59,182 ouvriers, touchant moins de 3 fr., et 11,618 ouvrières, recevant au
maximum 1 fr., par cette raison que ces ouvriers et ouvrières, appartenant au groupe de l'alimentation, sont en
général logés et reçoivent des gratifications. Si on avait
fait figurer ces ouvriers et ouvrières dans le compte, la
moyenne serait évidemment plus basse. D'un autre côté,
si on avait compté les salaires de 45,000 ouvriers des établissements publics, elle serait peut-être plus haute. Enfin,
il faut tenir un certain compte de la dépréciation du signe
monétaire. Toutefois, acceptons pour exacte la moyenne
indiquée par la Chambre de commerce, et, considérant
surtout que les salaires ont encore augmenté, depuis 1861,
admettons que le salaire moyen de l'ouvrier parisien est
de 4 fr. 51, entre 4 et 5 fr., et le salaire moyen de l'ouvrière parisienne de 2 fr. 14 entre 2 et 3 fr. 50.

Combien d'ouvriers et d'ouvrières demeurent au-dessous
de ce chiffre? Combien le dépassent?

47 p. 0/0 des ouvriers touchent moins de 4 fr.
33 p. 0/0 — — de 4 à 5 fr.
20 p. 0/0 — — au-delà de 5 fr.

On dit souvent qu'il y a des ouvriers qui gagnent 20 fr.
Cela est vrai, mais combien? L'enquête en compte 57.

78 p. 0/0 des ouvrières touchent moins de 2 fr.
37 p. 0/0 — — de 2 à 3 fr.
5 p. 0/0 seulement — de 3 à 4 fr.

En autres termes, sur 100,000 ouvriers, 80,000 gagnent moins de 5 fr. Sur 100,000 ouvrières, 78,000 gagnent moins de 2 fr., 95,000 gagnent moins de 3 fr. par jour.

Répétons ce salaire moyen de 4 fr. 51 et de 2 fr. 14, et, sans insister sur cette inégalité énorme et, selon nous, presque injustifiable entre le salaire de la femme et celui de l'homme, le second s'élevant à plus du double du premier, rapprochons ce chiffre :

1° De la durée de la morte saison ;

2° Du prix des choses nécessaires à la vie.

Si l'on excepte les industries alimentaires, dans les autres industries, plus de la moitié des patrons a déclaré qu'ils subissaient une morte saison qui dure 3, 4, 5 et jusqu'à 6 mois, mais 3 mois au moins, et cela, d'une manière presque régulière, sans tenir compte des autres causes de crise et de chômage (1). Or c'est là un fait excessivement grave. La statistique n'aurait pas dû compter ce que l'ouvrier gagne par jour, mais ce qu'il gagne par an ; c'est là la mesure vraie de ses ressources.

Quant au prix de toutes choses, je crois avec M. de Lavergne (2) qu'il a moins augmenté depuis un demi-siècle qu'on ne le dit ; mais le savant auteur excepte lui-même Paris ; en effet, on ne peut nier que jusqu'ici les chemins de fer ont plus augmenté à Paris les consommateurs et les consommations que diminué les prix ; on ne peut nier la hausse des logements et celle des im-

(1) L'enquête de 1851 évalue la perte résultant de la Révolution de 1848, dans le chiffre des affaires, de 40 à 80 p. 0/0, selon les industries.

(2) *Journal de statistique.* — Mai 1864.

pôts. Ce qui a changé le plus, ce ne sont pas les prix, c'est ce que les Anglais appellent *Standard of the life*, l'étalon de la vie, ce sont les habitudes. L'ouvrier ne se contente ni du vêtement, ni du logement, ni de l'aliment, auxquels on se résignait autrefois. Il a plus de désirs, sinon plus de besoins.

M. de Chabrol, en 1826, évaluait à 352 fr. par an, soit 0,96 par jour la dépense obligatoire pour la nourriture, à Paris, et M. Husson en 1856, la porte à 480 fr. ou 1 fr. 32 par jour. M. Le Play, dans ses budgets d'ouvriers, estime la dépense à peu près à ce chiffre. M. Jules Simon est du même avis.

Enfin, les ouvriers eux-mêmes ont publié des calculs analogues. Le rapport des carrossiers délégués à l'exposition de Londres, notamment, présente un budget où la nourriture d'un père, d'une mère et de deux enfants, s'élève à 1,095 fr., soit 1 fr. par grande personne. Tel est en effet le prix de deux repas, avec viande et vin, délivrés à prix très-réduit dans le réfectoire établi par la compagnie du chemin de fer d'Orléans pour ses 1,200 ouvriers.

En réunissant tous ces témoignages, on peut constater 1° que la dépense obligatoire pour la nourriture a augmenté; 2° qu'elle est, pour l'ouvrier parisien, d'environ 1 fr. par jour, s'il mange un peu de viande et s'il boit un peu de vin; 3° qu'en supposant un ménage avec deux enfants, ce qui est la moyenne, cette dépense s'élève à 2 fr. au moins, souvent à 3 fr.

Or le logement d'un ménage ne coûte pas moins de 200 à 250 fr. depuis quelques années, c'est-à-dire de 0,60 à 0,70 c. par jour.

Le vêtement, la chaussure, le chauffage, l'éclairage, les frais d'école, d'impôt, de médecin, les plaisirs, peuvent bien être évalués ensemble, pour quatre personnes, au moins à la même somme de 70 c. par jour.

C'est un total de 3 à 4 francs par jour, soit 1,100 francs à 1,500 francs par an, pour un ménage avec deux enfants. Or, avec le salaire moyen de 4 francs 51 centimes la recette de l'année pour 300 ou 360 jours de travail varie entre 1,300 et 1,600 francs On voit que, dans ces conditions, la marge est bien étroite, et comme on le dit familièrement, les deux bouts se touchent à peine.

Remarquez encore ce point. Hors des grandes villes, il est rare que l'ouvrier vive du salaire seul ; il possède ou il loue à bas prix un champ, un jardin, une maison, il jouit de subventions diverses, quelquefois de droits communaux. A Paris, le salaire est tout, et doit pourvoir à tout. Aussi lorsque le salaire est insuffisant, s'il y a morte-saison ou lorsque le nombre des enfants s'accroît, il reste à l'ouvrier seulement cinq ressources : faire travailler la femme, faire travailler l'enfant, supprimer le dimanche, porter la journée de 10 à 12 heures, enfin se mal nourrir, et se mal loger.

Ces ressources, l'ouvrier parisien est de plus en plus condamné à les utiliser toutes à la fois.

De plus en plus, les femmes et les enfants travaillent. La statistique de la Chambre de commerce nous l'apprend. Otez 71,242 ouvriers du bâtiment, industrie spéciale aux hommes, sur 345,569 ouvriers qui restent pour toutes les autres, il y a dans les travaux industriels à Paris, 105,410 femmes et 25,540 enfants, plus de 130,000, plus d'un tiers du nombre total.

Il y a ici une double crise à signaler.

Pendant que le salaire de la femme est de plus en plus nécessaire à la famille, et le travail de la femme de plus en plus nécessaire à l'industrie, la pauvre femme rencontre à l'atelier deux obstacles : la résistance des hommes qu'elle remplace dans les métiers qui leur étaient propres, et la concurrence des machines qui la remplacent elle-même dans des professions qui lui étaient réservées. Ainsi, l'enquête nous l'apprend, en 1860, l'industrie n'emploie pas plus de 5,000 femmes qu'en 1849, mais dans certains métiers, le déplacement est énorme. Pendant qu'on leur dispute l'entrée dans les imprimeries, les décorateurs de porcelaines n'emploient plus que 458 femmes au lieu de 1,010, les polisseurs et brunisseurs pour orfévrerie que 279 au lieu de 284. Dans ces deux métiers, les affaires ont doublé, mais un procédé Dutertre a supprimé une partie de la main-d'œuvre; les fabricants de fleurs artificielles ont vu tripler le chiffre de leurs affaires, en portant seulement de 5,720 à 7,011 le nombre des femmes employées. Enfin 2,097 machines à coudre représentent dans l'industrie parisienne 12,582 femmes environ. Ainsi, non-seulement la femme entre de plus en plus à l'atelier industriel, mais de plus en plus, elle change d'atelier; deux crises à la fois.

La Chambre de commerce s'est fait rendre compte de la durée du travail.

Dans les grands ateliers, la journée est de 10 à 12 heures, moins le temps des repas, mais sans compter aussi les heures supplémentaires, fréquentes à l'atelier, continuelles pour l'homme ou pour la femme qui travaillent chez eux. Quant au dimanche, il n'en est pas même question.

Avec ces moyens (nous reviendrons sur les logements), lorsqu'au salaire du mari, 4,51, s'ajoute celui de la femme, 2,14, et celui d'un enfant, qui est d'environ 1 fr., l'abondance rentre dans le ménage, mais avec la femme s'en va la famille, avec le dimanche s'en va la religion, avec les heures supplémentaires s'en vont les moyens d'instruction.

Nous avions donc raison de le dire : la Chambre de commerce ne se trompe pas quand elle affirme que le salaire augmente, et les ouvriers ne se trompent pas non plus, lorsqu'ils affirment que leur sort est encore pénible.

Seulement, il faut distinguer, comme l'a très-bien fait un ouvrier, M. Corbon, dans un livre curieux intitulé le *Secret du peuple de Paris;* il se forme de plus en plus trois classes d'ouvriers, correspondantes au minimum, à la moyenne et au maximum de salaire, une classe *supérieure* qui ne souffre pas et qui a tort de se plaindre, une classe *moyenne* qui a bien de la peine à se suffire, et qui pourtant se plaint moins que la première, et une classe *inférieure* qui, au moindre accident, sinon d'une manière continue, tombe dans la classe indigente. Or, la population indigente et assistée, qui est encore le seizième de la population totale, diminue à Paris, comme l'ont démontré avec autorité MM. Husson et Vée. Mais le plus petit caprice de la mode, de l'opinion, le plus petit accident de la nature, vient l'accroître, et lorsque la statistique, toujours curieuse, demande quels ouvriers deviennent indigents et sollicitent des secours dans les moments de crise, elle retrouve les catégories d'ouvriers qu'elle connaît comme ceux qui ont les plus bas salaires ou la plus longue morte saison, savoir :

Les ouvrières d'abord ; puis les maçons.

Les ébénistes.

Les tailleurs.

Les cordonniers, etc.

J'ai été frappé de ce rapprochement. Les ouvriers qui ont demandé des bons de pain en 1848, étaient environ 120,000. Le nombre des ouvriers qui empruntent au mont-de-piété est, je crois, de 200 à 250,000 (1). Enfin, les ouvriers qui déposent à la caisse d'épargne, on le sait positivement, sont environ moitié des déposants, soit 120,000.

Ces trois chiffres réunis recomposent à peu près le chiffre total de la population ouvrière, en sorte que les trois classes d'ouvriers dont je parle pourraient être dénommés par la caisse d'épargne, le mont-de-piété, le bureau de secours, ceux qui placent, ceux qui empruntent, ceux qui demandent, la classe supérieure, la classe moyenne, la classe inférieure, la troisième s'élevant peu à peu à la seconde et la seconde à la première, la dernière comptant pour un quart, la seconde pour moitié, la première pour un quart dans l'ensemble.

(1) Le nombre des ouvriers qui empruntent au Mont-de-Piété est le 7/10ᵉ du nombre total des emprunteurs. Or, il a été fait, en 1861, 1,650,000 engagements, par conséquent plus de 1,100,000 par des ouvriers, et, en supposant qu'il y ait cinq ou six engagements pour un ouvrier, correspondant aux termes de loyer et à la morte saison, on arrive de 200 à 250,000 ouvriers qui emprunteraient ; je regrette de n'avoir pas, sur ce point, un chiffre plus exact.

Instruction et Moralité.

Nous retrouvons précisément ces trois classes en examinant l'état de l'instruction.

Oui, la Chambre de commerce a raison de dire que l'instruction est plus répandue ; sur 100 ouvriers ou ouvrières recensées, on en a trouvé 87 sachant lire et écrire, et sur 100 garçons, 89. Il y a progrès, et ce progrès est constaté par d'autres documents officiels, rapports au conseil municipal, statistique des conscrits, etc.

Il n'est pas moins visible dans les rapports des ouvriers. En les lisant, on regrette encore des erreurs économiques, des préjugés, des eutopies vagues, mais quelle habileté de rédaction ! quelle sûreté dans les jugements techniques, quelle recherche soigneuse des origines antiques, qui sont comme les titres de noblesse du métier, quelle émulation sans haine vis-à-vis de l'étranger, quel touchant respect pour les inventeurs, célébrités de l'atelier, quel amour intelligent pour la profession !

« Idée sublime que les expositions ! s'écrie l'un des rap-
« porteurs. Comment exprimer tout ce que l'ouvrier res-
« sent dans ces moments de luttes industrielles ? Qui dira
« ses joies, et parfois ses déceptions, pendant qu'il façonne
« cette matière inerte avec laquelle il s'identifie tellement
« qu'il semble lui donner une vie, une âme ! Œuvre chérie
« pour laquelle il se passionne et qu'il veut rendre par-
« faite ! La perfection ! voilà son rêve, son idéal ! Quel beau
« poème à faire ! »

Qui parle ainsi, Messieurs ? le poème, c'est un soulier, le poète, c'est un cordonnier, le même qui s'indigne en voyant que sur 30 exposants, 4 ou 5 à peine représentent ce qu'il appelle la *cordonnerie de principe*.

On le voit, l'instruction est en progrès. Quelle instruction? l'instruction primaire qui permet d'écrire ainsi la langue française, et ce que j'apellerai l'instruction parisienne, c'est-à-dire ces notions générales de goût, de perfection, d'art, d'amour propre professionnel et national, qui sont dans l'air, pour ainsi dire, à Paris, qui entrent par tous les sens et courent dans toutes les rues.

Mais ne nous faisons pas illusion! Cette portion de l'instruction religieuse, morale, littéraire, historique, civique, dont tous les hommes ont besoin, arrive à peine jusqu'aux ouvriers.

M. Corbon se demande ce que pensent les ouvriers qui pensent, et cette partie très-curieuse de son livre peut se résumer ainsi avec une concision un peu brutale :

En matière sociale, ils cherchent ;

En matière politique, ils rêvent ;

En matière religieuse, ils doutent.

En définitive, ils ignorent!

Cruelle ignorance, qui leur est insupportable, autant qu'elle est funeste à la société toute entière !

Ce n'est pas tout. Cette partie supérieure de l'enseignement technique, qui confine à l'art, et perfectionne l'ouvrier dans la pratique de son métier, elle est insuffisante. Il y a des écoles d'adultes fort suivies. Il y a quelques essais de bibliothèques populaires. Il y a quelques réunions dans des Églises, au Conservatoire, dans des cours publics, mais le nombre des ouvriers qui demandent à ces excellentes institutions un supplément d'instruction, s'élève à peine à quelques milliers. Le zèle et le désir sont vaincus par un obstacle insurmontable, le manque de temps. N'ayant ni soirées, ni dimanches, ou bien les réservant pour prendre, après beaucoup de travail, un peu de plaisir, l'ouvrier, à partir de 12 ans, cesse d'apprendre.

Mais, ce qui est moins aperçu, l'enseignement professionnel de l'enfant lui-même est de plus en plus insuffisant. On est surpris, en ouvrant la statistique de la Chambre de commerce, du petit nombre des apprentis recensés; il est de:

19,742 enfants, savoir : 14,161 garçons.
5,581 filles.

Or, ce nombre était déjà de 19,114 dans l'enquête de 1851 pour l'ancien Paris; le nombre aurait donc diminué. De plus, le nombre d'apprentissages sans contrat était alors de 11,000, il est maintenant de 15,000. L'apprentissage serait donc de moins en moins régulier. En entrant dans le détail, on est plus surpris encore de trouver des professions qui n'ont pas plus d'un apprenti sur 200 ouvriers. Ainsi l'enquête a constaté 8,627 ouvriers mécaniciens répartis entre 353 établissements; il y a 179 apprentis. Si l'on remarque que sur 25,000 enfants recensés dans les ateliers, on en a compté 6,000 qui sont payés, et que dans la statistique des salaires figurent 25,000 hommes environ recevant moins de 2 fr., qui sont plutôt des enfants que des hommes, on peut conclure de tous ces renseignements : 1° que les ateliers parisiens se recrutent par les ouvriers des départements bien plus que par les apprentis; 2° que l'apprenti devient très-rapidement un petit ouvrier à 1 fr., que l'on occupe et que l'on n'instruit plus.

Mais, dit-on, cette occupation l'instruit. C'est ici que les rapports des ouvriers répondent négativement. Les machines, l'extrême division du travail, enfin, le caractère particulier de l'industrie parisienne qui *finit* plutôt qu'elle ne fabrique, voici trois raisons qui s'opposent à ce que l'atelier soit une école d'apprentissage. Il n'y a qu'une maison de serruriers, nous dit l'enquête, où l'on fabrique la clef; il y a surtout à Paris des *ajusteurs* d'objets fabriqués en province. Le dessinateur de châles, par exemple, nous dit encore le rapport des ouvriers, divise son travail, non plus entre trois ouvriers comme autrefois, mais entre huit, celui qui compose, celui qui fait les maquettes, celui qui les grandit sur la carte, celui qui épure les traits, celui qui guilloche les contours, celui qui crayonne les détails, celui qui encarte, et celui qui remplit. L'apprenti devient très-habile, mais il ne sait que le huitième d'un métier.

En présence de ces faits, comment s'étonner des vœux qui s'élèvent à Paris en faveur de ce qu'on appelle *enseignement professionnel*. Ces vœux ont une double signification; ils partent des ouvriers qui voudraient devenir artistes, s'élever, savoir davantage; et ils partent en même temps des pères qui s'affligent que l'apprentissage de leurs enfants soit à la fois interminable quand ils font un contrat, et incomplet, quand ils n'en font pas.

Avant l'instruction, nous aurions dû parler de la moralité.

La statistique, sur ce point grave, est trop sommaire, elle se borne à ce tableau :

Conduite bonne.......... 90 0/0.
— douteuse ......, 5 0/0.
— mauvaise...... 5 0/0.

Puis elle ajoute : « Les habitudes de moralité chaque jour plus goûtées et plus pratiquées dans le milieu de l'atelier, tendent à faire disparaître les traditions du chômage du lundi, et à agglomérer dans les sociétés de secours et de crédit mutuel les nombreux ouvriers de Paris. Les progrès sont manifestes (1)... »

Cette opinion s'accorde difficilement avec l'opinion générale. Qui a raison ? Je réponds encore : tout le monde.

En effet, la Chambre de commerce a seulement en vue la conduite à l'*atelier*. Or, si l'on s'y comportait mal, on serait congédié. De plus, chacun sait que les mauvaises doctrines politiques n'entraînent pas la mauvaise conduite ; les réformateurs, les rêveurs, parmi les ouvriers, ne sont pas les tapageurs, et ils ont soin de recommander et de pratiquer l'accomplissement de tous les devoirs professionnels. On a souvent vu la justice hésiter, ayant à juger, dans les procès politiques, des ouvriers irréprochables à l'atelier.

M. Corbon analyse très-exactement, au point de vue de la moralité, la classe supérieure, la classe moyenne, la classe inférieure, des ouvriers parisiens, qu'il connaît si bien.

Dans la classe inférieure, après les malheureux, M. Corbon range les ouvriers, souvent le rebut de la province, qui descendent tous les degrés, et qui, ayant, comme il le dit énergiquement : « passé la jambe à l'amour-propre, » sont paresseux, mendient sous des formes diverses, deviennent libertins, ivrognes, même voleurs.

A la classe supérieure appartiennent ces estimables ouvriers que l'on envoie en Allemagne, que l'on attire en

(1) Introd., p. 44.

Angleterre, que l'on demande en province, dont on ne saurait trop louer l'intelligence, le coup d'œil, la main, le courage et la probité. Ces ouvriers d'élite se rencontrent dans toutes les professions. Cependant on peut remarquer à Paris que le mécanicien, qui joint la vigueur à l'intelligence, a pris en tête le premier rang que le typographe occupait autrefois.

Dans cette classe supérieure, M. Corbon place en outre les ouvriers qui pensent, rêvent, lisent, murmurent, dissertent, s'occupent de la Pologne et de la Hongrie, de la fraternité des peuples, d'un certain idéal évangélique vague, et il avoue que ces ouvriers-là se dérangent quelquefois plus que les ouvriers de la classe moyenne.

Dans cette classe moyenne, règne la morale tranquille, soit qu'elle vienne d'une sorte d'indifférence routinière et contente de peu, soit qu'elle s'inspire d'une vertu réelle; car il y a d'admirables vertus dans une partie de la population parisienne, et notamment dans deux catégories.

Je veux avant tout citer les femmes, l'humble femme, décrite par M. Jules Simon (1), « levée avec le jour, servante de son mari et de ses enfants, ouvrière par-dessus le marché, et la pauvre fille qui travaille et souffre sans donner un regret à ces plaisirs faciles et à ce luxe dont elle n'est séparée que par le sentiment du devoir. » Je citerai encore les ouvriers petits patrons, travaillant seuls ou avec un ou deux aides, vivant comme les petits commerçants, et les petits paysans, avec une incroyable économie, amassant pour l'avenir, se refusant toute récréation, attachés à

(1) *L'Ouvrière*, p. 264.

l'ordre et fidèles à leur travail et à leurs devoirs rigides, dans une existence obscure, en vérité, comme s'ils avaient fait un vœu.

Ces ouvriers-là et une partie de la classe supérieure entrent dans les Sociétés de Secours mutuels et de Crédit mutuel. Et toutefois le progrès dont se félicite la Chambre de commerce, à cet égard, est bien lent, car il n'y a pas 30,000 ouvriers dans les Sociétés de Secours mutuels, et pas encore 2,000 dans les Sociétés de Crédit nouvellement organisées, à l'exemple de l'Allemagne, de l'Angleterre et de la Belgique, grâce, en partie, à une heureuse initiative de l'Académie, au livre couronné de M. Batbie (1) et au rapport de M. Passy.

Ainsi donc, au point de vue de la moralité, comme au point de vue de l'instruction et des salaires, ceux qui se félicitent et ceux qui se plaignent ont raison tous les deux; seulement ils ne parlent pas des mêmes ouvriers, et il convient de distinguer toujours, lorsqu'on prétend caractériser 100,000 hommes.

Logements.

La même distinction est nécessaire lorsqu'on parle des logements.

La Chambre de commerce passe vite sur cette question brûlante, et son optimisme s'enveloppe dans des phrases embarrassées, mais les chiffres parlent. Il y avait encore, en 1861, 75,000 ouvriers logés en garni, auxquels il con-

(1) *Du Crédit populaire*, par M. Batbie. — *Paris, Guillaumin.*

vient d'ajouter presque tous les ouvriers nomades, belges,
allemands, etc.; environ 36,000 logés chez leurs patrons,
presque tous célibataires et appartenant au groupe de l'alimentation; et 286,000 logés dans leurs meubles, mais
logés à quel prix et dans quelles conditions? D'après le
relevé des contributions et la statistique du département,
il n'y avait à Paris, en 1861, que 55,000 maisons pour
1,700,000 habitants, 30 personnes par maisons, et il n'y
avait que 129,439 loyers au-dessous de 500 fr.

Londres, à la même époque, avait 362,000 maisons
pour 2,800,000 habitants, 8 personnes par maison, ou
deux ménages. L'une des villes grandit en surface, l'autre
en étage. Combien d'habitants par maison? La statistique
de 1851 répond :

En France............	4
Dans les villes.......	9
A Paris..............	35
Et en 1861.........	30

Mais combien de personnes par ménage ?

En France............	3
Dans les villes......	3,50
A Paris..............	3

Chiffres douloureux, car ils démontrent que la population s'entasse et que la famille diminue !

Demandez à la Chambre des huissiers le nombre des
congés signifiés tous les trois mois sans parler des congés
amiables, pour les petites locations ; demandez aux juges
de paix le nombre des jugements d'expulsion, et vous ver-
rez que la vie nomade n'existe pas seulement chez les

peuples pasteurs. Au surplus, il y a en cela un peu de
mode parisienne ; car un des ambassadeurs vénitiens du
XVIe siècle a noté ce trait : « A Paris, les petites gens délogent tous les trois mois (1). »

Ajoutez à ces chiffres les renseignements puisés dans
l'enquête, sur le siège des industries. Excepté les industries du bâtiment, de l'aliment et du vêtement, qui suivent
à peu près partout le consommateur, toutes les autres sont
cantonnées dans des quartiers spéciaux, les tanneurs et les
imprimeurs sur la rive gauche, les ébénistes et les bronzes
dans le faubourg Saint-Antoine, les raffineurs à la Villette,
les articles de Paris dans le quartier du Temple, etc., en
sorte que les ouvriers, obligés de suivre le travail, doivent
s'agglomérer dans certains quartiers. Le 2e, le 3e et le 11e
arrondissement, juxtaposés, renferment à eux seuls
150,000 ouvriers.

Ce serait là une heureuse condition, si en se rapprochant des établissements, les ouvriers se rapprochaient
aussi des patrons, et si les patrons, qui sont presque tous
doués de ces deux qualités parisiennes, l'intelligence et la
générosité, exerçaient sur leurs ouvriers une heureuse et
constante influence, comme cela a lieu souvent en province.
En est-il ainsi ? Nous touchons ici au point caractéristique
du régime industriel de Paris. On a tort de prendre les vœux
des ouvriers de Paris pour l'expression des besoins des ouvriers de toute la France ; car la condition où ils se trouvent
placés est profondément différente, comme on va le voir.

L'industrie moderne, depuis la découverte des machines

(1) Jérôme Lippomaho, p. 105. « Il n'est pas de petite chambrette garnie, dit-il, qui ne vaille 2 ou 3 écus par mois. »

mues par l'eau ou la vapeur et depuis l'emploi de la houille, a brusquement groupé des masses autour du puits, du métier ou du moteur. De là, déplacements soudains et imprévoyants, enchérissement des logements et des denrées, souffrance, crises fréquentes, paupérisme en un mot. Mais peu à peu, ces maux diminuent et cet état se règle. Les industriels sentent le besoin de s'attacher une population stable et honnête; pour la fixer, ils la logent; pour l'éclairer, ils l'instruisent; pour la moraliser, ils l'évangélisent. De nombreuses institutions sont créées chaque jour, et les liens qui, en province, attachent la population industrielle aux grands établissements se resserrent. L'industriel comprend que se servir de l'ouvrier oblige à se charger de l'ouvrier; tout le bien qui est fait à l'un est l'œuvre de l'autre. Des familles sédentaires, autour d'une usine entourée d'écoles, d'églises, d'hospices, de jardins, de logements, tel n'est point encore l'état général, telle est au moins la tendance générale de l'industrie française et anglaise si soigneusement décrite, conformément au plan tracé par l'Académie, par MM. Villermé, Blanqui, Louis Reybaud.

A Paris, il n'en est pas ainsi. Le chiffre le plus curieux de toute la statistique que j'analyse, est, à mes yeux, celui-ci :

Sur 100,000 fabricants recensés, il n'y en a que :

7,492 employant plus de 10 ouvriers;

31,480 employant de 2 à 10 ouvriers,

62,599 emploient 1 ouvrier ou travaillent seuls.

Or, en 1849, il y avait encore 10,98 0/0 des fabricants employant plus de 10 ouvriers, 38,75 °/° de 2 à 10, et 50,27 0/0 seulement travaillant seuls.

La première catégorie a diminué de 3,58 0/0

La seconde — — de 7,67 0/0

La troisième s'est augmentée des deux quantités, soit de 11,25 0/0.

Ainsi l'atelier de Paris se disperse de plus en plus; il n'y a presque pas de grande industrie, et comment s'exerce-t-elle?

Un confectionneur de vêtements qui fait pour 8 millions 255,000 fr. d'affaires, emploie 4,000 ouvriers ou ouvrières. Combien en reçoit-il dans ses ateliers? cent; tout le reste est disséminé dans la ville.

Un constructeur de machines emploie 2,585 ouvriers, et fait pour 15,000,000 d'affaires. Quelles institutions particulières a-t-il fondé, pour les ouvriers? Aucune. La ville y pourvoit.

Un raffineur fait pour 15 millions d'affaires; il n'a que 265 ouvriers; le reste est l'œuvre de machines puissantes.

Comment ces ouvriers sont-ils logés? Cela ne regarde pas le patron. Comment sont-ils évangélisés, instruits, soignés, recueillis, assistés? Aux frais de la ville. Dans les banlieues annexées à Paris en 1860, il n'y avait ni hôpital, ni collége; les églises et les écoles étaient insuffisantes, et M. de Rambuteau avait coutume de dire plaisamment : « La banlieue régale et la ville paie. »

Ajoutez ce trait que j'emprunte aux rapports des ouvriers : « Un ouvrier qui est dans le même atelier depuis dix ans est une rareté. » On peut dire aussi : Un patron qui a succédé à son père est une rareté; on veut jouir de bonne heure; on liquide avant de mourir; on fait vite fortune, quand ce n'est pas faillite; les enfants changent d'état, ou

n'en prennent point. L'industrie est comme le commerce.
Regardez les enseignes. Un marchand qui peut mettre sur
sa porte : *établissement fondé il y a 50 ans*, s'en fait un
titre public, tant cela est rare. Sous un tel régime, entre
l'ouvrier et le patron, en dehors du travail, nul lien perma-
nent, isolement, dispersion croissante. Le patron n'habite
pas même son usine; il rentre le soir dans les rues bril-
lantes pendant que l'ouvrier remonte son escalier sombre.

L'embrigadement forcé, tel était l'abus du régime des
anciennes corporations. L'isolement absolu, tel est l'excès
du régime opposé.

Je ne prétends pas que, dans ce fait grave, le bien ne
soit pas à côté du mal. J'y vois le progrès de l'initiative in-
dividuelle, l'ascension d'une classe vers une autre, l'ouvrier
devenant son maître, mais il n'est pas plus tôt indépendant
qu'il est faible, isolé; sans subordination, mais sans défense, contre la concurrence, le malheur, et lui-même.

Aussi ne vous étonnez pas d'entendre sortir de toutes les
bouches, de lire dans tous les programmes, de retrouver
dans tous les livres, le même vœu, le même mot, le même
besoin : *Association.*

Les ouvriers délégués à Londres demandent tous trois
choses : la liberté des coalitions ;

des sociétés de secours mutuels corporatives;

des chambres syndicales.

Tous ces vœux reviennent au même : *Association.* Or
je n'ai pas à examiner quelles sont les formes praticables
de l'association, appliquée à la production, au crédit, à la
consommation. Je ne me demande pas jusqu'à quel point,
dans cette difficile question, l'utopie cotoie le progrès, et

l'illusion se mêle à l'espérance légitime. Je ne cherche pas la valeur du remède, je constate la présence du mal. « L'association nous sauvera », cela veut dire : « L'isole- « ment nous tue. »

Or, cela est profondément vrai. L'ouvrier parisien n'est en relation suivie ni avec le patron, ni avec les écoles, ni avec l'église, ni avec les autorités, ni avec les gens de son pays natal, ni avec ses camarades, ni avec une demeure qu'il aime, ni, pour ainsi dire, avec sa femme et ses enfants. Quand je cherche les lieux, les seuls lieux où peuvent se donner rendez-vous les ouvriers, rendez-vous de corps ou d'esprit, je nomme le cabaret et le journal ; le cabaret, devenu café, concert, salle brillante, avec mille bougies et vingt billards, attrait bien puissant sur un homme qui va retrouver, à la fin d'une journée de travail, des enfants qui crient et une femme qui se plaint, entre les murs de sa mansarde ; le journal, rendez-vous des esprits, lu par quelques-uns qui le répètent aux autres, le journal, qui ouvre brusquement une fenêtre sur deux mondes, le monde habité et le monde imaginaire, à un homme qui a, pendant douze heures, porté ses yeux et ses mains sur un bâton de chaise ou sur un morceau de cuir.

On ne saurait trop méditer ce chiffre éloquent : il n'y a pas à Paris 7,000 fabricants employant plus de 10 ouvriers, et, en les employant, ils ne se chargent ni de les loger, ni de les instruire, ni de les secourir ; le public y pourvoit. Les ouvriers sont livrés à eux-mêmes, ayant, pour les soutenir, moins de défenses et pour les tenter, plus d'excitations que dans aucun autre point du monde.

Voilà comment se trouvent conciliés ces trois témoi-

gnages en apparence si contradictoires, celui des industriels qui impriment, dans leur statistique : *il y a progrès;*
celui des hommes politiques, qui répètent : *il y a péril;*
celui des ouvriers qui s'écrient : *il y a malaise.* Je l'ai
déjà dit : tout le monde a raison.

Le salaire, l'instruction, l'indépendance, l'abondance et
la liberté du travail sont en progrès; la religion, la famille,
l'épargne, l'harmonie sont en péril. Nous avons à la fois
plus de prospérité et moins de sécurité.

V

Comment donc faire (je conclus par ces mots ce très-long
résumé), comment faire pour éliminer ces deux mots :
malaise, péril, et proférer en paix, avec la Chambre de
commerce, ce mot séduisant : *progrès?* Comment faire
pour diminuer le grand développement de l'industrie à
Paris, et les inconvénients qui en résultent et dont souf-
frent la France, Paris, l'industrie elle-même, et surtout les
ouvriers?

Cette question compliquée se divise en deux questions :

Quelles sont les causes qui attirent à Paris l'industrie?

Quels sont les moyens proposés pour l'éloigner ou la
transformer?

Les causes générales, nous les avons énumérées en
commençant ce travail. Les industriels, leurs femmes,
leurs principaux agents, aiment la vie de Paris et ils s'y
rendent parce qu'ils s'y plaisent. Les causes spéciales sont,
pour l'industrie de l'aliment, du bâtiment, de l'ameublement et du vêtement, la présence d'un nombre croissant

d'hommes à nourrir, à loger, à meubler et à vêtir, cela va sans dire. En second lieu, on allègue les facilités du crédit, le règne du goût et de la mode, le voisinage des écoles et de la science.

Ces motifs sont vrais, mais incomplets. Le crédit est maintenant partout; c'est moins le crédit que la commande que l'industrie vient chercher à Paris, c'est moins le voisinage des banquiers que celui des commerçants et des commissionnaires du monde entier qui s'y donnent rendez-vous. C'est pourquoi l'exportation emporte un chiffre si énorme de la fabrication parisienne, je dis l'exportation à l'étranger, sans parler de l'exportation en province que l'enquête a eu le tort de ne pas relever. 350,000,000 fr. sur 1,500,000,000 (en excluant l'alimentation et le bâtiment), 350,000,000, voilà le chiffre de 1861, qui comprenait 80,000,000 pour les États-Unis seulement. L'intelligence commerciale de nos fabricants pour se créer au loin des débouchés est extraordinaire. J'ai eu sous les yeux l'exportation d'un confectionneur de vêtements : il emploie 1,100 femmes, il fabrique pour 2,700,000 fr., dont 2,100,000 fr. destinés à l'étranger, 979,000 fr. au Brésil, 173,000 au Pérou, 78,000 au Chili, 6,000 au Japon, etc.

Le goût a, cela est vrai, son trône à Paris. Jean-Jacques Rousseau écrivait à M. Vernes : « Il y a une certaine grâce, une certaine perfection de goût que l'on ne peut atteindre que là, quelque effort que l'on fasse en province. » Cela est vrai du style, et chaque objet a un style. C'est à Paris qu'une foule d'objets viennent se finir, les couteaux et les bijoux, les tôles et les glaces, les châles et les casseroles, la vannerie et les fleurs. Là sont les dessinateurs et les meilleurs teinturiers. Cependant il ne faut pas exagérer, la fabrique de Paris produit surtout, pour l'exportation, bien plus d'objets grossiers, ce que l'on nomme *camelotte* ou *pacotille,* que d'objets exquis, et le goût ne règne pas là seulement. La soie est à Lyon, l'étoffe imprimée est à Mulhouse ou à Rouen, la mousseline à Tarare ou à Saint-Quentin, le ruban à Saint-Etienne, et c'est dans des villages du Jura, de l'Oise, du Doubs, des Vosges, que des paysans taillent les pierres fines, préparent les montres, travaillent la nacre des éventails, brodent et font les dentelles, fabriquent les instruments de musique.

Le voisinage de la science a été quelque chose à l'origine des industries. Il est naturel que les imprimeurs vivent auprès des écrivains, et les mécaniciens, les teinturiers, les fabricants de produits chimiques et pharmaceutiques, ont eu besoin de se grouper autour des ingénieurs et des chimistes. Mais, aujourd'hui, établis à grands frais, ils restent, moins retenus par les grandes inventions que par les grosses commandes et les grandes installations.

Quelques industries désagréables vivent des restes d'une grande ville : le noir animal vit de ses os, la tannerie de ses abattoirs, et pourtant, avec la commodité des moyens de transport, ces rapprochements perdent leur intérêt. Les tanneurs et mégissiers restent à Paris plutôt à cause des gantiers et des cordonniers qui veulent choisir les peaux ; car les peaux viennent surtout de l'Amérique du Sud, les écorces du Berri, et les abattoirs sont une vieille raison de la présence de cette vieille industrie.

A tous ces motifs spéciaux que l'on met en avant, à l'utilité évidente pour les industries d'être rapprochées des autres industries, du commerce, des acheteurs, des savants, des artistes, s'ajoute une raison plus générale, plus importante que l'on omet toujours : c'est, pour l'ouvrier, la facilité de trouver à occuper à la fois tous les membres de sa famille, et, pour le patron, la facilité de puiser, dans cet immense réservoir de population, embauchant aujourd'hui 1,000 ouvriers, les congédiant demain, sans avoir à s'occuper de les retenir, de les soutenir et de les contenir.

Cette raison capitale s'ajoutant à toutes les autres, attire, fixe, enracine l'industrie à Paris, malgré le prix croissant des salaires, des logements, des vivres, des plaisirs.

S'il en est ainsi, comment agir par des moyens capables de contre-balancer de si puissants avantages ?

Il y a des moyens *généraux* de diminuer les développements de la population et de l'industrie à Paris, et il y a des moyens *locaux*.

Le premier moyen général, c'est l'encouragement à donner en province aux arts, aux lettres, aux études, à l'agriculture surtout. Je n'ai pas à insister sur ce point ; je me contente d'indiquer un chiffre. S'il faut en croire les calculs de M. Millot (1), la part du Français, dans les recettes de toute nature de l'État et dans les produits éventuels départementaux, est de 48 fr. 2 ; la part du Parisien s'élève à 150,3.

Le second moyen général, si l'on veut enrayer cette marche, c'est de ne pas l'accélérer, c'est de ne pas placer un poids de plus, et quel poids ! du côté où penche déjà la balance.

_____

(1) *Journal de la société de statistique.*

Ce reproche mérite discussion. L'Etat et la ville se sont trouvés placés, à notre époque, entre une grande tentation et une grande nécessité.

Nul ne peut le nier, l'heure de la transformation de Paris était venue, elle devait coïncider avec l'achèvement du réseau des chemins de fer en Europe, et la prudence commandait de devancer ce moment. On vous disait, dans une de vos précédentes séances, Messieurs, que dans la nature la vie précède l'organe et que l'organe naît pour la fonction (1). Pour un peuple plus voyageur a dû se préparer une capitale plus vaste.

Un rapport, adressé en 1827 à M. de Chabrol, contient les faits les plus curieux : les habitations ne sont plus assez nombreuses pour les habitants ; les rues ne sont plus assez larges pour les passants et les voitures ; on regardait 9 mètres (2) comme le maximum en 1702 ; mais en 1827 (3), 13 mètres sont à peine suffisants ; en 1804 il n'y a que 21 habitants par maison ; en 1827 il y en a plus de 40 ; on élève les étages ; on mesure le nombre de mètres cubes d'air respirable rigoureusement indispensable à un vivant ; on est effrayé de la mortalité qui est de 1 sur 52 dans les beaux quartiers, de 1 sur 26, juste le double, dans les quartiers pauvres. Ce rapport est un véritable cri d'alarme, et il a près de quarante ans de date.

Depuis cette époque, les nécessités se sont accrues,

---

(1) Mémoire sur le *Vitalisme* lu par M. le docteur Bouchut à la séance du 8 juin.

(2) Rue Neuve-Saint-Augustin.

(3) Rue de la Chaussée-d'Antin, rue de Rambuteau.

nécessité numérique, à cause de l'affluence des habitants; nécessité géométrique, obligation de changer
l'axe de largeur et aussi l'axe de rayonnement du centre
vers les extrémités, puisque toutes les rues, au lieu
d'aboutir à des barrières et à des routes, devaient se diriger
vers des gares et des voies ferrées ; nécessité hygiénique,
parce que l'encombrement produisait une insalubrité croissante ; nécessité politique enfin, parce que deux villes se
formaient et se divisaient comme deux camps. Les relevés de
l'état civil et de la conscription étaient de pâles flambeaux ;
le choléra, les journées de juin, éclairèrent de lueurs plus
vives et plus brûlantes les nécessités dont je parle. Je le
répète, l'heure de la transformation de Paris ne pouvait
tarder ; or la nécessité l'imposait à l'heure même où la
puissance et le crédit se rencontraient pour l'opérer ; on s'est
donc mis à l'œuvre, on sait avec quelle énergique habileté.
Le nom de Napoléon III, et celui de M. Haussmann demeure-
ront inséparablement unis au souvenir de cette grande œuvre.

L'État ne pouvait pas ne pas aider la ville dans cette
immense opération ; d'une part, les finances d'une seule
ville ne suffisaient pas à accomplir en vingt ans l'œuvre
imposée par des siècles ; d'autre part, l'État trouvait son
compte à l'opération, et ce qui se fait à Paris intéresse la
France toute entière. Il en a toujours été ainsi. Je citerai
deux exemples. La bibliothèque de l'Institut renferme les
comptes de la construction du Pont-Neuf; Henri III, le
7 novembre 1577, constate la nécessité d'un pont nouveau
parce que le pont Notre-Dame, le seul sur lequel on puisse
passer avec chariot, coche et charrette, est encombré.
Pour les dépenses de ce pont, un sol pour livre est imposé

sur le principal de la taille'des généralités de Paris, Cham-
pagne, Normandie et Picardie, *parce qu'elles y avaient
intérêt.*

Le second exemple est le point de départ des travaux
actuels. C'est la loi du 4 octobre 1849 par laquelle
l'Assemblée nationale législative ordonne le prolongement
de la rue de Rivoli et fixe la part contributive de la ville et
celle de l'Etat.

Mais, en obéissant à une nécessité, l'Etat et la ville avaient
à résister à une grande tentation.

En effet, la ville, dont le système financier repose sur un
octroi, voit ses recettes et par conséquent son crédit
augmenter avec le nombre des consommateurs, et la même
cause augmente la valeur des terrains. Le budget de la ville
profite de ce qui semble l'obérer. Paris est semblable à un
Etat dont la population augmenterait toujours et qui ne ferait
jamais la guerre ; son rang de capitale, son droit d'aînesse,
l'oblige à des dépenses improductives dans lesquelles l'Etat,
comme le chef de la famille, intervient, mais les ressources
vont en augmentant toujours avec le nombre des habitants
et l'importance des travaux.

L'Etat gagne aux agrandissements de Paris plus qu'il n'y
dépense. Je ne parle pas seulement de ce qu'il gagne en
splendeur : les travaux et les victoires sont la trace, non
pas la plus utile, mais la plus durable du passage d'un
souverain sur la terre. Je parle du profit matériel.
M. Magne, en 1862, constatait que, de 1852 à 1860, l'Etat
avait dépensé 93 millions dans Paris, et que les revenus
annuels, perçus pour son compte, pendant la même période,
s'étaient accrus de 45 millions ; l'Etat recouvrait donc

en deux ans ses déboursés de dix ans (1). Or, les travaux
n'ont pas été interrompus pendant la guerre; on voit que
dans notre réservoir financier ce que l'on peut appeler la
goutte parisienne a eu son importance (2).

L'État et la ville étant exposés à une si puissante tentation, deux contre-poids sont nécessaires, le contrôle des
assemblées qui examinent, les difficultés de la loi d'expropriation et l'examen sévère des autorités qui l'appliquent.

Faut-il admettre que, depuis quelques années, les
obstacles n'ont pas été toujours proportionnés aux ten-
tations? Je ne pourrais répondre sans examiner un à un
les travaux, ou sans apprécier le rôle et le régime de nos
assemblées municipales et politiques. Je dois m'abstenir
d'entrer ici sur ce terrain. Il me suffit d'avoir établi que les
écrivains, qui se plaignent de l'inégale répartition des
charges publiques entre Paris et les provinces, et de l'ac-
célération exagérée imprimée aux travaux de Paris, sont
donc à moitié dans le vrai, mais à moitié seulement; ils
ont tort lorsqu'ils oublient à quelle nécessité on a obéi;
ils ont raison, lorsqu'ils indiquent à quelle tentation on a
pu succomber; lorsqu'ils demandent aux pouvoirs, chargés
du contrôle, de maintenir fermement l'équilibre et de ne
pas laisser tomber le poids du côté où penche la balance.

(1) Séance du Sénat du 26 février 1862. — Rapport de M. De-
vinck au conseil municipal, 22 décembre 1863, p. 14.

(2) « La ville de Paris, disait déjà l'un des ambassadeurs vénitiens en 1577, jouit de privilèges et d'exemptions que n'ont pas
les autres villes, parce qu'elle soutient les rois de France, et vient
à leur secours dans les nécessités les plus urgentes. » J. Lippo-
mano, II, 609, 613.

Le ferme et intelligent exercice de la liberté politique et communale, et l'intervention efficace des pouvoirs publics et judiciaires dans les décrets d'expropriation, ce sont là, avec les encouragements à donner plus largement à la province, les seules mesures générales qui puissent arrêter l'excès ou fixer la limite en cette matière.

Des moyens *généraux* et *indirects* je passe aux moyens *spéciaux* et *directs* d'arrêter les développements de l'industrie.

Distinguons d'abord entre les établissements publics et les établissements privés.

Parmi les établissements publics, il en est qui rendent des services locaux. Il en est d'autres, comme la Monnaie et les Gobelins, et surtout les Tabacs, les Boulangeries militaires et civiles, enfin les ateliers des Chemins de fer, dont la présence à Paris est assurément inutile. Or l'État a traité dix fois avec les grandes compagnies sans saisir l'occasion de leur demander l'éloignement de leurs ateliers. Il y avait une manufacture de tabacs ; on vient d'en fonder une seconde. On peut ajouter à cette nomenclature : les Hospices, qu'une administration intelligente commence à déplacer et plusieurs Écoles qui, en Angleterre, sont éloignées de la capitale.

Parmi les établissements privés, il faut distinguer encore l'industrie agglomérée et la petite industrie morcelée.

La petite industrie morcelée vit à côté de sa clientèle ; elle est exercée par la femme dont le mari travaille ailleurs, par le petit marchand qui tient boutique devant son atelier ; c'est avant tout l'article de Paris, qui ne peut se fabriquer que par une population nombreuse travaillan sous les yeux et pour un très-petit nombre de négociants ; comment l'éloigner, et si vous l'éloignez, comment la faire vivre ?

Quant à la grande industrie, exceptez l'alimentation, le bâtiment, dont les ouvriers sont en partie nomades, et la plus grande partie du vêtement et de l'ameublement, que reste t-il ? Les raffineurs, les mécaniciens, les fabricants de tissus, les industries chimiques, les peaux et cuirs.

Or, sur l'ensemble, c'est peu de chose, à peine 20 ou 30,000 ouvriers (1).

Comment atteindre ces industries ? Cette étude a été souvent faite, dans des commissions officielles, et on n'a imaginé que trois moyens :

— L'interdiction directe de certaines professions, au moyen de la loi sur les ateliers insalubres, étendue et appliquée sévèrement.

— L'interdiction des machines employant au-delà d'un certain nombre de forces de vapeurs ;

(1) Raffineurs.............. 1,765 ouvriers.
Mécaniciens constructeurs de
  machines................ 8,627 —

Fils et tissus............... 26,610 $\begin{cases} 9,560 \text{ hommes.} \\ 15,327 \text{ femmes.} \\ 1,891 \text{ enfants.} \end{cases}$

Industries chimiques......... 14,397 ouvriers
Peaux et cuirs.............. 6,597 —
_____
      46,996

Mais on ne peut exclure la totalité de ces groupes. Ainsi les pharmaciens figurent dans les industries chimiques pour 1,511 ouvriers, les parfumeurs pour 1,483, etc.

— L'élévation des tarifs d'octroi sur les matières premières.

Or ces trois moyens ont un double inconvénient : 1° ils ne peuvent agir que sur l'avenir et sans rétroactivité; 2° ils agiraient à l'aveugle ; si l'on ne distingue pas, pour atteindre des industries à déplacer, on entraverait des industries à conserver; si l'on veut entrer dans des distinctions, on ne peut éviter l'arbitraire.

Assurément, on aurait dû prévoir. La loi sur les ateliers insalubres était une arme utile dont on n'a pas assez usé ; avant 1830, il n'y avait à Paris que 131 machines à vapeur (1) ; en 1840, 285 ; en 1847, 957 ; il y en avait 1,689 en 1856 ; 1,800 en 1861 ; on aurait pu empêcher cet accroissement qui donne au département de la Seine plus de machines qu'il n'y en a dans le Nord et la Seine-Inférieure réunis. On aurait pu étendre plus tôt l'octroi aux banlieues industrielles. Mais cela n'a pas été fait, et la vieille maxime de notre ancien droit trouve ici son application : *Fieri non debuit, factum valet.*

Le gouvernement de l'Empereur, sur la proposition de M. Delangle, a pris, en 1860, une grande mesure, une de ces mesures que l'on peut retarder, mais dont l'heure sonne infailliblement, parce qu'elles sont imposées par la force des choses; on a soumis tout Paris à un même régime industriel. Après quelques années d'exemp-

(1) C'est en 1821 qu'on a établi les premières machines à vapeur destinées à l'industrie; avant 1830, le nombre des autorisations données par la préfecture de police s'élevait seulement à 131. — V. le curieux rapport de M Chevalier au Conseil général, 1851.

tion, nous verrons si les fabricants, placés par cette mesure entre une charge, les droits d'octroi, et une indemnité, la plus value des terrains, se décideront à s'éloigner.

L'enquête nous éclaire déjà et nous rassure à cet égard. Pendant que les pâtissiers, les coiffeurs, les tailleurs, les pharmaciens, les fabricants de cartes à jouer et les couturières se multiplient, les raffineries, les filatures, les couvertures, les rubans, la cristallerie, la porcelaine, les fabriques d'armes, les bougies, les produits chimiques, les constructions de wagons, s'éloignent peu à peu. De plus en plus, la fabrique de Paris est pour ainsi dire divisée en deux ateliers, l'un en province où se font les gros travaux, où l'on monte, on tisse, on prépare; l'autre à Paris où l'on ajuste, on achève, on donne le dernier fini. Les fabricants y deviennent de plus en plus des éditeurs, et le déplacement se fait lentement, mais naturellement. Or en ceci et en toutes choses, les solutions de la nature valent mieux que les expédients de la contrainte.

Toutes les mesures spéciales qui peuvent agir, en dehors de ces lois naturelles, se réduisent, on le voit, et pour l'avenir seulement : 1° à un remaniement de la loi sur les ateliers insalubres ; 2° à la suppression de quelques établissements publics.

J'aime mieux, pour ma part, chercher à conjurer par d'autres moyens les maux que l'on redoute. Je voudrais que les ouvriers ne changeassent pas de résidence, je voudrais qu'ils pussent changer de classe; au lieu de les éloigner, je voudrais les élever.

Ce désir est le vôtre, Messieurs, mais il est bien vague.

Les documents que j'ai analysés peuvent nous aider à préciser nettement.

Avant tout, n'inventons pas de catégories dans la société. Le progrès de la condition générale des ouvriers dépend du progrès de la condition des sociétés dont ils font partie. Leur sort s'améliore et il s'est amélioré en effet par les victoires de la religion, de la paix, de l'instruction, de la liberté, de la science, de la justice, de la richesse. C'est une chimère dangereuse de séparer les classes et de leur faire croire que leurs intérêts sont distincts.

Cependant, l'industrie souffre de quelques maux qui lui sont particuliers, et, au nombre de ces maux, il en est qui se font sentir surtout à Paris ; j'énumérerai les questions principales soulevées, par l'enquête de la Chambre de commerce.

1° La situation des femmes, de plus en plus en plus entraînées dans la vie industrielle ;

2° La durée du travail, telle que le loisir et le repos, nécessaires au corps, à l'âme, à l'instruction, à la famille, manquent aux ouvriers ;

3° La difficulté de se loger. Les logements, grâce aux percements nouveaux, sont plus sains, mais plus chers et trop rares ;

4° L'insuffisance de l'enseignement professionnel, soit supérieur, soit élémentaire; l'ouvrier a de la peine à se perfectionner, l'apprenti à s'instruire, dans le régime actuel ;

5° L'isolement, la dispersion, la destruction de tous liens entre les patrons, les ouvriers, les classes riches et laborieuses.

Si je ne lisais ces vœux que dans les écrits des ouvriers, je pourrais hésiter, sans fermer cependant l'oreille. Les vœux des ouvriers sont ordinairement l'expression d'un besoin vrai sous une forme et avec des solutions chimériques. Association ! c'est en partie un rêve, mais le besoin de n'être plus isolé est un besoin réel. Enseignement professionnel ! la création d'athénées du rabot ou d'instituts de la lime et du marteau est une chimère, mais le désir de s'élever, et l'insuffisance de l'apprentissage sont des faits réels. Un bon médecin ne traite pas légèrement les rêves mêmes de ceux qu'il veut soulager. Impitoyables envers les utopies, sachons séparer d'une main délicate les vérités qui s'y mêlent, et, sous des mots absurdes ou dangereux, sachons lire l'expression d'une souffrance ou le désir d'un progrès.

Mais surtout, lorsque nous retrouvons les mêmes faits dont se plaignent les ouvriers, constatés par les patrons, lors que deux enquêtes très-dissemblables, l'une incomplète et souvent vague et passionnée, l'autre, vaste, précise, discrète et optimiste, aboutissent aux mêmes révélations, il n'y a plus à hésiter sur les maux, et il ne s'agit plus que de chercher les remèdes.

En cette matière, une partie des remèdes dépend du public; une seconde partie, de l'administration; la troisième de la législation.

Le sort des femmes, le repos du dimanche, voilà des questions capitales qui dépendent du public, des patrons, des ouvriers eux-mêmes. La loi ne peut rien ici, l'administration peu de chose. Elle peut de plus en plus favoriser les constructions dans les quartiers industriels, et elle agit sagement

en déchargeant d'impôts les petits loyers. A Londres,
l'usage s'établit de payer l'ouvrier le samedi à 4 heures, et
le dimanche est universellement respecté; une soirée est
ainsi gagnée pour l'étude, une journée pour la religion,
pour le repos et la famille. Les femmes sont un peu plus
payées, et de nombreuses associations s'occupent spéciale-
ment d'elles. D'autres associations puissantes se sont formées
pour bâtir ou louer des logements, les assainir et les sous-
louer à bas prix. A Paris, où de si nombreuses associations assistent les indigents, on ne se préoccupe pas assez
du sort des femmes. Une société s'était formée pour les
logements, et l'administration ne lui a pas permis de naître.
Un simple particulier, M. de Madre, a bâti pour 5,000 ouvriers des logements à bon marché, et prouvé qu'une bonne
affaire récompensait une bonne action. Mais l'attention
publique ne se porte pas autant qu'en Angleterre sur la
femme, le dimanche, le foyer, c'est-à-dire en un seul mot,
la famille. Il y a là des progrès essentiels à recommander,
à imiter, mais qui ne s'imposent pas.

La loi, au contraire, et l'administration, peuvent beaucoup dans les questions d'enseignement et d'association.

Créer des écoles, c'est très-bien, ce n'est pas tout.
Savoir lire, écrire et compter, ce n'est pas un rempart
bien fort contre les séductions de la vie de Paris, et l'instruction, quand on souffre, rend plus vif et plus amer le
sentiment de la souffrance. Le progrès des mœurs dépend
avant tout de ces deux points : *Multiplier les croyances,*
moraliser les plaisirs. Une paroisse toute chrétienne, ce
serait un peuple sans populace. L'administration ne peut
rien sur les croyances, elle peut du moins bâtir des

églises plus nombreuses, ne pas marchander à la religion sa place, ne pas donner, dans les travaux, l'exemple continuel du mépris du dimanche.

L'administration peut beaucoup pour moraliser les plaisirs. Le peuple à Paris a de nombreux plaisirs, mais ils sont grossiers. On lui donne avec raison des promenades ; quand trouvera-t-il au bout de ces promenades, des lectures publiques, des cours de dessin, des concerts, des salles de réunion et des bibliothèques à son usage, des jeux d'adresses, et au lieu de théâtres immoraux, des colysées à prix égaux et réduits, ou l'on jouerait exclusivement et continuellement les grands auteurs classiques ?

Après l'administration, je m'adresse au législateur, et je lui demande l'étude de trois réformes :

1° Une réforme de la loi des 22 janvier, 3 et 22 février 1861, sur les apprentissages ; évidemment, elle est peu pratique, puisqu'elle est si peu pratiquée.

2° L'extension du *droit de réunion et d'association* sans lequel ouvriers, patrons, citoyens, ne peuvent tenter aucune organisation, aucun rapprochement, aucun progrès.

En Angleterre, l'instruction supérieure parvient aux ouvriers par le droit de réunion. En Allemagne, le crédit et la vie à bon marché leur sont apportés par le droit d'association. En France, la loi vient d'autoriser la coalition ou le droit de se concerter pour faire hausser le salaire ; comment défendrait-elle le droit de se réunir pour faire hausser le savoir, le droit de s'associer pour faire hausser le profit du travail, ou baisser les dépenses de la vie ?

3° J'attends enfin de la loi ce que j'appellerai *la décentralisation intrà-muros* de Paris. A Londres, il y a sept

villes différentes dans une même ville. La police et les travaux publics sont, comme il convient, centralisés ; tout le
reste a une vie locale. Autant de villes, autant de centres secondaires d'activité, d'influence, d'harmonie, autant de
petites provinces, où se forment des habitudes, des intérêts,
un esprit commun. Groupés autour de leurs magistrats
qu'ils nomment, de leur paroisse qu'ils entretiennent, de
leurs clubs professionnels qu'ils fréquentent, convoqués
pour mille objets, les citoyens, marchands, patrons,
ouvriers, membres de la même milice, du même jury, du
même corps, de la même cité, se rencontrent, se recon-
naissent, se rapprochent, se contrôlent, et il se forme ainsi
des liens que nous avons successivement et systématiquement rompus à Paris.

Singulière inconséquence de l'esprit français ! Dans la
vie militaire, peuple toujours humain, nous épargnons les
vaincus, nous ne brûlons pas les maisons et nous ména-
geons les monuments du passé. Dans la vie civile, à chaque
pas en avant, nous ne savons pas faire la part de ce qu'il
convient de garder et de ce qu'il faut détruire, nous sup-
primons tout. La religion intervenait quelquefois à tort
dans le travail ; on supprime la confrérie ; plus de religion.
L'autorité intervenait quelquefois de trop près dans le
travail ; on supprime les règlements ; plus de protection.
L'association intervenait quelquefois d'une manière abusive
dans le travail ; on supprime la corporation ; plus d'association. Il s'était formé autour de Paris des centres de
travail ayant un esprit, une tradition, des liens à part ; on
les fait, avec raison, rentrer dans Paris ; plus de traces
d'existence distincte. La naissance, le voisinage, le com-

merce, l'usage au même jour des mêmes droits, le rapprochement pour l'exercice des mêmes devoirs, avaient peu à
peu fait de chaque arrondissement de Paris une petite province civile, industrielle ; on a redouté cette cohésion dans
l'ordre politique ; tous les cadres ont été rompus. L'arrondissement a perdu son territoire, ses rues, sa milice, ses
droits électoraux, son numéro, sa vie propre ; toute vie est
retournée au centre. Ainsi, par des réformes successives,
toutes justifiées, toutes excessives, on en est venu à ce point :
il y a encore dans Paris des habitants, il n'y a plus de
citoyens.

A Londres, Finsbury a une existence distincte de celle de
Greenwich. A Paris, pourquoi Montmartre est-il avec
Montrouge, entièrement dépendant ? Si l'on ne veut pas
toujours et sensiblement placer Paris dans l'exception, si
l'on veut retourner pas à pas à la vie politique, en commençant par rétablir une harmonie active dans les rapports
privés et locaux, ne peut-on pas rendre à chacune des frac-
tions de la ville un peu de vie commune autour de la
maison commune, si bien nommée autrefois *le parloir aux
bourgeois ?*

Une question spéciale me ramène à une question générale, le régime de l'industrie me reconduit au régime de la
cité, parce que les questions ne peuvent pas plus se diviser
que les classes ; je me hâte de fuir la politique au moment
de la toucher, et je veux, d'ailleurs, ne pas abuser plus
longtemps de l'indulgente attention de l'Académie.

Je résume en peu de mots l'ensemble de ce long travail :

1° La population totale de Paris s'accroît en vertu d'une loi générale. Elle aura quadruplé en moins de trois quarts de siècle. Cet accroissement exigeait et il justifie la transformation de la ville.

2° La population spéciale de l'industrie s'accroît plus que les autres catégories. Elle s'élève à peu près aux deux tiers de la population totale.

3° Ce développement est un fait tout nouveau ; il date de notre siècle.

4° Il est un progrès ou un péril, selon la condition morale et matérielle des populations industrielles ainsi agglomérées, et cette condition, malgré des progrès certains, est encore très-pénible.

5° Il existe des moyens généraux et des moyens spéciaux de modifier un fait si considérable. Le plus efficace des moyens généraux est le progrès de la liberté politique et municipale. Le plus efficace des moyens spéciaux ne consiste pas à éloigner l'industrie, mais à l'élever.

Je ne terminerai pas cependant sans émettre encore un double vœu.

Je voudrais que la Chambre de commerce, dont la statistique mérite tant d'éloges, prît le parti et reçût les moyens de rendre l'enquête sur l'industrie parisienne tout-à-fait permanente ; elle fournirait ainsi à l'étude et au gouvernement des renseignements plus prompts et plus sûrs.

Je voudrais que l'Académie des sciences morales, à qui nous devons déjà de si belles études sur le régime des manufactures, consacrât à l'industrie de Paris ou au moins à quelques-unes des industries de Paris une en-

7

quête spéciale. Pour ce tableau, les couleurs et les mesures sont prêtes, le sujet est immense et magnifique, les peintres sont désignés par le suffrage reconnaissant de l'opinion publique.

BIBLIOTHEQUE   NATIONAL

SERVICE DES NOUVEAUX SUPPORTS

58, rue de Richelieu, 75084 PARIS CEDEX 02 Téléphone 266 62 62

Achevé de micrographier le :   1 / 3 / 1977

Défauts constatés sur le document original

Contraste insuffisant ou
différent, mauvaise qualité
d'impression

Under-contrast or different,
bad printing quality

www.ingramcontent.com/pod-product-compliance
Lightning Source LLC
Chambersburg PA
CBHW070906280326
41934CB00008B/1605